W0094773

Im Knaur Taschenbuch Verlag sind von Claus-Peter Hutter
folgende Bücher erschienen:
Futter fürs Volk (zusammen mit Volker Angres und Lutz Ribbe)
Das Bahnhasserbuch (zusammen mit Traugott Markert und Lutz Ribbe)
Das Posthasserbuch (zusammen mit Jürgen Bolz)
Das Telekomhasserbuch (zusammen mit Jürgen Bolz)

Über die Autoren:
Eva Goris (Jahrgang 1956) und *Claus-Peter Hutter* (Jahrgang 1955) begegneten bei einer Recherche »Käpt'n Grog«. Der Unhold ist zwar schon seit 1757 tot, doch sein Name lebt. Verdünnter Rum führte schließlich dazu, dass die Autoren genauer hinhörten und sich immer häufiger die Frage stellten: »Was reden wir eigentlich daher?« Da gehen einem Dinge durch die Lappen, wir reden Tacheles und führen Böses im Schilde. Und so verfolgten sie Redewendungen zurück in die Antike, schauten den alten Rittern, Burschenschaftlern und Militärs aufs Maul.

Eva Goris hat an der Ruhruniversität Bochum Biologie studiert und dann bei der Westdeutschen Allgemeinen Zeitung in Essen gearbeitet. Später wurde sie Pressesprecherin der Umweltschutzorganisation Greenpeace. Seit 1990 ist Eva Goris Ressortleiterin Umwelt der BILD am SONNTAG. Für ihre Tier- und Umwelt-Reportagen erhielt sie 2004 eine Auszeichnung des Deutschen Tierschutzbundes, 2006 den Umwelt-Medienpreis.

Claus-Peter Hutter setzt sich gegen die Erosion des Alltagswissens in der Gesellschaft ein. Weil immer mehr – einst von Generation zu Generation weitergegebenes – Wissen über Natur und Kultur verlorengeht, hat er als Leiter der Umweltakademie Baden-Württemberg und ehrenamtlicher Präsident der Umweltstiftung Nature Life-International für den Bereich Nachhaltigkeit und Umwelt verschiedene Bildungsprojekte gestartet. Als Autor von Büchern, Buch- und Zeitschriftenbeiträgen setzt er sich für eine aktive Zivilgesellschaft ein. Mit *Eva Goris* veröffentlichte er im Droemer Verlag die Bände »Collection des verlorenen Wissens – Was Oma noch wusste. Ein Handbuch für den Hausgebrauch« und »Collection des verlorenen Wissens – Was Opa noch wusste«.

Eva Goris
Claus-Peter Hutter

Warum haben Gänse Füßchen?

Vom Ursprung unserer Wörter und Redensarten

Knaur Taschenbuch Verlag

Originalausgabe Mai 2008
Copyright © 2008 bei Knaur Taschenbuch.
Ein Unternehmen der Droemerschen Verlagsanstalt
Th. Knaur Nachf. GmbH & Co. KG, München
Alle Rechte vorbehalten. Das Werk darf – auch teilweise –
nur mit Genehmigung des Verlages wiedergegeben werden.
Umschlaggestaltung: ZERO Werbeagentur, München
Umschlagabbildung: FinePic, München
Satz: Adobe InDesign im Verlag
Druck und Bindung: CPI – Clausen & Bosse, Leck
Printed in Germany
ISBN 978-3-426-78058-9

2 4 5 3 1

Lieber Dennis,
dieses Büchlein habe ich für
Dich ausgesucht, weil mich das Vor-
wort dazu inspiriert hat.
Ich wünsche Dir, von ganzen Herzen, daß
Du "in kleinen wie in großen Dingen"
nie aufhören wirst; zu hinterfragen!
In Liebe, Deine Meulach
2.9.2008

Inhalt

Unserer Sprache
auf der Spur

Die alten Griechen sind längst tot, doch ihre Worte leben. Wer heute »in die Höhle des Löwen geht«, meint vielleicht den Termin beim Chef. Doch die Redewendung ist weit durch die Zeit gereist, und der ängstliche Angestellte steht – ohne es zu ahnen – mit einem Bein in der Antike. Denn er zitiert unbewusst eine Redensart aus der Fabelwelt des Äsop.

Auch die Ritter des Mittelalters sind mit ihren Worten mitten unter uns. Und zwar immer dann, wenn wir im 21. Jahrhundert »den Löffel abgeben«, uns als »Prügelknabe« fühlen oder jemand fürchten, der »Böses im Schilde führt«. Dann reden wir nämlich wie die Menschen im Mittelalter. Sie sind längst in ihren Gräbern vermodert, aber ihre Worte haben auf faszinierende Weise die Jahrhunderte überlebt.

Der Vorwurf: »Du weißt ja gar nicht, was du sagst ...!« trifft also wirklich oft auf viele von uns zu. Wir benutzen Redewendungen im Alltag, deren ursprüngliche Bedeutung uns völlig fremd ist. Eigentlich schade, denn die

Menschen aus früheren Zeiten haben uns viel über ihr Leben und ihren Alltag zu berichten.

Warum »geben wir Kontra«, »geraten in die Zwickmühle« und »bieten Paroli«? Alle drei Redensarten kommen aus der Spielersprache. Alles klar: Kontra gibt man beim Skat, in die Zwickmühle gerät man beim Mühle-Spiel und Paroli hat man im 18. Jahrhundert beim damals beliebten »Pharo-Spiel« gerufen, um den Einsatz zu verdoppeln.

Die Menschen haben früher ihre Alltagssituationen sehr bildhaft in die Umgangssprache eingebaut. Wer »den Löffel abgibt«, lag auf dem Sterbebett und vererbte in der Tat ein sehr wertvolles Besteckstück an die Erben: den Löffel. Nur Reiche hatten im Mittelalter einen Löffel – die Armen schlürften ihre Suppe einfach aus der Tasse. Und wenn etwas »durch die Lappen« ging, war es das Wild, das den Jägern bei den höfischen Jagden durch die Stoffbahnen, die als »Lappen« trichterförmig am Schießplatz aufgehängt waren, entkam. Man hatte das Jagdrevier damals nämlich einfach mit Stoffbahnen eingegrenzt. Wenn die Lappen sich im Wind bewegten, hatten die Tiere Furcht und flohen nicht ins Nachbarrevier – bis auf die, die eben durch die Lappen gingen.

* * *

SPRACHFORSCHUNG MACHT SPASS. Und deshalb ist dieses Buch als unterhaltsame Lektüre gedacht. Die Suche nach dem Sinn von Redewendungen kann eine spannende Zeitreise sein, denn sie erzählen häufig mehr über den Alltag der Menschen als Geschichtsbücher. Worte sind einfach näher dran. Wir haben für dieses Buch »dem Volk aufs Maul geschaut« und dabei viel über das Leben, die Ängste und Sorgen der Menschen in längst vergangenen Zeiten gelernt. Redewendungen berühren alle Bereiche: Sie stammen aus der Welt der Jagd und Justiz, dem Militär- und Münzwesen, wurden von Gläubigen und Gaunern, Sportlern und Spielern benutzt. Wer heute »Tacheles« redet, geht auf jiddische Sprachwurzeln zurück, und wer »einen intus« hat, spricht wie die trinkfreudigen Studenten der Burschenschaften.

Das Wissen über die Worte unserer Vorfahren ist leider verlorengegangen. Wir reden wie sie, wissen aber nicht, warum! Das Buch »Warum haben Gänse Füßchen?« nimmt die Leserinnen und Leser auf vergnügliche Weise mit auf eine Zeitreise und gibt vertrauten Redewendungen wieder einen Sinn. Dabei ist es spannend, unterhaltsam und obendrein informativ. Es trifft also »den Nagel auf den Kopf«. Schauen Sie doch mal auf Seite 171 nach, warum Gänse Füßchen haben und worauf diese Redewendung zurückgeht.

1. Kapitel

Die Antike im täglichen Sprachgebrauch

Ganz gleich, ob wir in die »Höhle des Löwen gehen«, »eine Schlange an der Brust nähren« oder »nach jemandes Pfeife tanzen«: Wir haben es mit einem Mann zu tun, der vielleicht nie gelebt hat, sondern nur eine Phantasiefigur aus dem alten Griechenland ist. Er wird Äsop genannt und prägte viele Redensarten, die ursprünglich aus alten Fabeln stammen und sich bis in den heutigen Tag herübergerettet haben. Äsop soll – so die Legende – ein phrygischer Sklave gewesen sein, der im 6. Jahrhundert vor Christus gelebt und in Form vieler Fabeln seine Lebensweisheiten zum Besten gegeben hat. Die sogenannten äsopischen Fabeln sind allerdings nicht handschriftlich von ihm selbst überliefert, aber sein Name taucht immer wieder bei berühmten griechischen Dichtern auf, die ihn, den »fabelhaften« Äsop, zitieren. Viele Redewendungen, die heute noch im täglichen Sprachgebrauch auftauchen, sind aus der lateinischen oder griechischen Sprache ins Deutsche übernommen worden. Immer wieder hat der Sklave namens Äsop darin eine Rolle gespielt.

* * *

Eine Schwalbe macht noch keinen Sommer

Die Warnung ist deutlich: Wer eine Schwalbe sieht und deshalb gleich seinen Wintermantel verschenkt, ist ein Dummkopf. Denn es kann auch im Frühling noch einmal empfindlich kalt werden, bevor der Sommer endgültig Einzug hält. Und das, obwohl man eine Schwalbe gesehen hat. Der Vogel galt schon in der Antike als Bote des Frühlings, seine Ankunft wird noch heute in manchen Teilen Griechenlands mit festlichen Umzügen gefeiert. Äsop erzählt in der Fabel »Der unverbesserliche Jüngling und die Schwalbe« von dem Irrtum eines jungen Mannes, der die Zeichen der Zeit falsch gedeutet hat, weil er zu übermütig war. Die eine Schwalbe, die er gesehen hat, soll nämlich erfroren vom Himmel gefallen sein.

Kein Wässerchen trüben können

Wer im Klaren bleibt und kein Wässerchen trübt, ist leicht zu durchschauen, von Grund auf ehrlich und weit davon entfernt, jemand anderen täuschen zu wollen. Oder? Irgendwie kommt die Redensart oft mit einem Fragezeichen und dem negativen Beiwort »vermeintlich« daher. Ist der Mensch, von dem da die Rede ist, wirklich so tadellos? In der Fabel des Äsop geht es um ein liebes Lamm und einen bösen Wolf. Beide stehen in einem Fluss: Das Lamm am oberen Ende des Fließgewässers, der Wolf am unteren. Obwohl das Wasser Richtung Wolf fließt, behauptet der, das Lamm hätte Dreck aufgewirbelt und sein Wasser getrübt! Alle Verteidigungsversuche des Lamms sind vergebens; der böse Wolf will der Logik nicht folgen. Die Redensart »kein Wässerchen trüben« ist etwa seit dem 17. Jahrhundert im westlichen Mitteleuropa geläufig.

EINE SCHLANGE AN DER BRUST NÄHREN

Am Anfang der Fabel steht das Mitleid, am Ende der Tod. Äsop erzählt die tragische Geschichte eines Bauern, der im Winter eine Schlange findet. Das wechselwarme Tier ist ganz starr vor Kälte, bewegungsunfähig und hilflos. Der Mann hat Mitleid und wärmt das Tier unter seinem bescheidenen Hemd. Die vermeintlich hilflose Giftschlange erwacht durch die Wärme am Körper des Mannes aus ihrer Kältestarre, beißt den Bauern in die Brust und tötet ihn: Er hat das Böse an seiner Brust genährt. Im Mittelalter tauchte der Spruch irgendwann als geläufige Redewendung im deutschen Sprachraum auf. Die Schlange als Symbol für das Böse ist den Menschen bereits aus der Bibel bekannt.

Die Redewendung erinnert an das Märchen »Der Rattenfänger von Hameln«. Da spielt jemand auf einer Flöte – oder Pfeife –, und schon ist jeder fasziniert und »tanzt nach der Pfeife« des Gauklers. Der gute Äsop jedoch ließ bereits in einer Erzählung einen Fischer auf der Flöte spielen. Der sanfte Mann wollte damit all die vielen Fische auf friedliche Art und Weise an Land ziehen. Doch die Fische flöteten ihm was und blieben, wo sie hingehören: im Meer. Daraufhin wurde der Mann in der äsopischen Fabel »Der Flöte spielende Fischer« wütend und warf letztendlich ein Netz aus. Da hatten die Fische keine Wahl: Sie waren ganz ohne Flötentöne plötzlich gefangen. Der Fischer tobte: »Als ich geflötet habe, seid ihr nicht an Land getanzt …« Tja, warum hätten die Fische auch freiwillig in den Tod gehen sollen? Nun, darum hat sich Äsop nicht gekümmert. Für ihn war klar: Erst unter Zwang gehen die meisten »ins Netz« und tanzen somit nach jemandes Pfeife.

Der Löwenanteil

Ganz klar, wer den unverschämt großen Löwenanteil auch heute noch kassiert: der Stärkere! Äsop hat in der Fabel »Der Löwe, der Esel und der Fuchs« dem mächtigen Löwen die Macht des Teilens überlassen. Zunächst gibt sich das Raubtier großzügig und gerecht und bietet dem armen Esel an, die gemeinsame Beute aufzuteilen.

Das treu(-doofe) Tier will gerecht sein und teilt das erjagte Fressen in drei gleich große Teile. Daraufhin frisst der Löwe den Esel einfach auf! Der schlaue Fuchs hat schnell gelernt – und macht sich aus dem Staub, ohne auch nur einen kleinen Teil zu verlangen. Die Moral von der Geschichte ist sogar in die Welt der Juristen eingegangen. Man spricht noch heute von »societas leonina« – einer Löwenvereinbarung –, wenn ein Vertrag nur einem von zwei Beteiligten nützt.

In die Höhle des Löwen gehen

Das ist zweifelsohne ein unberechenbares Wagnis! Wer in die Höhle des Löwen geht, der ist zwar sehr mutig, aber er riskiert unter Umständen sein Leben und kehrt nicht mehr zurück. Immer wieder ist es der böse Löwe, den Äsop als negative und moralisch eigentlich verwerfliche Figur darstellt. Dabei ist dieser Löwe, von dem die Fabel »Der Löwe und der Fuchs« berichtet, alt und gebrechlich und deshalb eigentlich viel zu müde und zu schwach, um zu jagen und zu töten. Oder verstellt sich das Raubtier nur? Immerhin gibt es Spuren, die in die Höhle hineinweisen – aber nicht wieder heraus …! Ein Trick also: Der Löwe macht auf ganz harmlos, um bequem seine Opfer anzulocken. Doch der Fuchs durchschaut das Spiel. Schleichen nicht viele solcher Löwen auch heute noch durch unsere Gesellschaft?

Göttervater Zeus will den König der Vögel krönen. Die unansehnlichen Krähen wissen, dass ihre Chance auf den Titel mehr als gering ist. Doch sie sind klug: Heimlich sammeln sie die ausgefallenen bunten Federn der anderen Vögel und schmücken das unscheinbare eigene Gefieder mit den fremden Federn, um Zeus zu täuschen. Der Betrug fliegt auf, als die anderen Vögel ihre eigenen Federn wiedererkennen und sie den Krähen herausreißen. So steht es in der äsopischen Fabel »Die Krähen und die Vögel«. Diese Geschichte war in der Antike ein oft verwandtes Bild und wurde von zahlreichen Dichtern (z. B. Horaz) aufgegriffen. Kirchenvater Hieronymus (350–420) machte später aus den Federn »fremde Farben« – was zu dem Ausspruch »sich mit fremden Farben schmücken« führte.

DER WOLF IM SCHAFSPELZ

Da kommt jemand harmlos wie ein gutes Schaf daher, doch in Wahrheit steckt ein böser Wolf im Pelz. In der gleichnamigen Äsop-Fabel enttarnt ein aufmerksamer Hirte den Wolf. Das Bild hat es sogar bis in die Bibel geschafft. In der Bergpredigt warnt Jesus vor falschen Propheten, die »in Schafskleidern kommen, aber reißende Wölfe sind« (Matth. 7, 15). Im Mittelalter wurde der Ausspruch häufig verwandt. Die Angst der Menschen vor dem – eigentlich doch harmlosen – Wolf war auch in späteren Zeiten stets groß. Auch in Märchen wie »Rotkäppchen« oder »Die sieben Geißlein« taucht das Raubtier immer wieder als böser Verführer auf, der sich perfekt tarnen kann – zum Beispiel als liebe Großmutter, die krank im Bett liegt und auf ihr Rotkäppchen wartet.

* * *

NICHT ALLE REDEWENDUNGEN, die aus der Antike stammen, haben wir dem fabelhaften Äsop zu verdanken. Viele sind Bruchstücke überlieferter Zitate berühmter Dichter, Feldherren und Herrscher (z. B. »Der Würfel ist gefallen«), andere wieder stammen direkt aus der griechischen Mythologie (wie »Sisyphusarbeit«). Den Weg durch die Zeit bis ins 21. Jahrhundert fanden all die Redewendungen und Begriffe (wie z. B. »Krösus« für einen sehr reichen Mann) auch über die Wiederentdeckung antiker Werte im Mittelalter. So wurden sie von Gelehrten, Mönchen oder vom Adel aus dem Lateinischen und Griechischen übersetzt und hatten plötzlich ihren Platz in der Sprache des einfachen Volkes gefunden: Oft ohne dass die Menschen sich der Bedeutung und des Ursprungs der Worte bewusst waren.

A UND O

Wenn diese beiden Buchstaben im Sprachgebrauch auftauchen, geht es immer um das Allerwichtigste überhaupt, nämlich das allumfassende »A und O«. Es geht sozusagen um den Anfang und das Ende. Aber wenn man das Alphabet zugrunde legt, warum heißt es dann nicht von A bis Z? Die Erklärung ist einfach: Das griechische Alphabet ging nur bis O, nämlich von Alpha bis Omega.

Wie von Furien gehetzt

Die römischen Furien waren gar schreckliche Rachegöttinnen. Sie hatten grausam entstellte Gesichter, auf ihren Häuptern krochen Schlangen zwischen der wilden Haarmähne hervor. Sie sahen so schreckenerregend aus, dass sie Menschen in den Wahnsinn treiben konnten. Wenn sie aus der Tiefe der Erde auftauchten, um Rache zu nehmen, verfolgten sie ihre Opfer mit schepperndem Lärm und hetzten den Betroffenen in den Wahnsinn. Wer also von Furien gehetzt ist, hat nichts zu lachen.

Ein goldenes Händchen haben oder »Krösus« sein

König Midas war wie »Krösus« sagenhaft reich. Seine Untertanen behaupteten, was Midas mit seinen Händen berührte, verwandelte sich in Gold: Er habe eben ein »goldenes Händchen«. Dass Geld und Gold allein nicht glücklich machen, lesen wir gern in den bunten Klatsch-und-Tratsch-Magazinen. Ist es nicht wohltuend, dass auch die Reichen arm dran sind? So erging es auch König

Midas: Mit seinen Händen verwandelte er alles – zu seinem Leidwesen auch Speisen und Getränke – zu Gold. Er hätte verhungern müssen, wenn der Gott Dionysos ihn nicht befreit hätte. Legenden ranken sich um den sagenhaften Midas, der von 738 bis 669 v. Chr. König von Phrygien gewesen sein soll. Auch »Krösus« soll wirklich gelebt haben: Der Lyderkönig (595–547 v. Chr.) galt als großzügig und beschenkte das griechische Heiligtum Delphi mit seinen Schätzen. Gegen den Perserkönig Kyros II. allerdings halfen ihm auch seine Reichtümer nicht. Krösus verlor den Krieg gegen ihn und starb – so berichtet es die Geschichtsschreibung – noch im selben Jahr.

Ein Bild für die Götter

Wer dumm dasteht, sich lächerlich gemacht hat oder in einer peinlichen Situation ertappt wird, bietet seinen Mitmenschen ein Bild für die Götter. Es ist nicht wirklich schlimm, aber auch nicht angenehm. Die Redewendung geht zurück auf den berühmten frühgriechischen Dichter Homer, der in der »Ilias« alle Götter laut lachen lässt: Sie machen sich über den hinkenden Hephaistos lustig, den Gott des Feuers und der Schmiedekunst. Der Krüppel auf dem griechischen Olymp, dem Wohnsitz der Götter, musste zahlreiche Schmähungen über sich ergehen lassen. Sogar seine Mutter, die Göttin Hera, war nicht gerade nett zu ihm und schleuderte Hephaistos vom Olymp, nur weil er klein und schmächtig geboren wurde. Trotzdem bauten ihm die Menschen aus Dankbarkeit für das Feuer zahlreiche Tempel: zum Beispiel im Zentrum von Athen.

* * *

MIT RÖMERN, GRIECHEN UND GERMANEN DURCH DIE WOCHE

Täglich haben wir die Wochentage auf den Lippen oder mindestens im Kopf. Dann nämlich, wenn wir Termine verabreden, sie im Kalender nachschauen, die Zeitung aufschlagen, Radio hören oder fernsehen. Doch was bedeuten die Wochentage? Warum heißt der Dienstag Dienstag und der Freitag Freitag? So viel sei schon einmal verraten: Letzterer heißt nicht etwa Freitag, weil die Menschen gegen Ende der Arbeitswoche freihaben und sich auf das Wochenende freuen.

Die Einteilung der Woche geht auf die Babylonier zurück. Im Abendland hielt dann die Woche als Zeiteinteilung in den ersten Jahrhunderten der christlichen Zeitrechnung Einzug, nachdem sie im Jahr 321 n. Chr. Konstantin der Große im griechischen und lateinischen Gebiet einführte. Die Einteilung in sieben Tage hat ihren Ursprung in den Mondphasen. Ein Mondumlauf dauert 29,5 Tage. Damit kommt die Einteilung in viermal sieben Tage dem Zeitabstand am nächsten, in dem die Mondphasen wechseln: Neumond, zunehmender Halbmond, Vollmond, abnehmender Halbmond im letzten Viertel.

Die Zahl Sieben steht vermutlich auch mit den seit der

Antike bekannten sieben wandernden Himmelskörpern im Zusammenhang, die sieben Gottheiten entsprachen. Dies zeigt auch die schon im 1. Jahrhundert n. Chr. eingeführte Benennung, von der sich unsere heutigen Namen für die Wochentage ableiten:

Dies Lunae: Tag des Mondes (Monday / Montag)

Dies Martis: Tag des Mars / bei den Germanen der Kriegsgott Tiu (Tuesday / Dienstag)

Dies Mercurii: Tag des Merkur / bei den Germanen Wotan, der Gott der Schlachten, der Weisheit und der Magie (Wednesday / Mittwoch)

Dies Jovis: Tag des Jupiter / bei den Germanen Thor bzw. Donar, Herr des Donners und Gewitters (Thursday / Donnerstag)

Dies Veneris: Tag der Venus / bei den Germanen Freija, die Göttin der Fruchtbarkcit und der Liebe (Friday / Freitag)

Dies Saturnii: Tag des Saturn (Saturday / Samstag). Für den sechsten Tag der Woche ist diese Bezeichnung vor allem in Westdeutschland, Süddeutschland, Österreich und der Schweiz vorherrschend, während er in anderen deutschsprachigen Gebieten als Sonnabend bezeichnet wird. »Sonnabend« stammt aus dem Mittelhochdeutschen und steht für den Vorabend vor Sonntag.

Dies Solis: Tag der Sonne (Sunday / Sonntag). In christianisierter Form: *Dies Dominica*: Tag des Herrn

Obwohl es nirgendwo nachzulesen ist, hat ein ungeschriebenes Gesetz moralische Gültigkeit. Bei Kindern sind es die Regeln, die die Eltern vorgeben. Sie wissen: Ich darf Mama und Papa nicht belügen, die Schule nicht schwänzen, muss vor dem Essen meine Hände waschen und zu Hause sein, bevor es dunkel wird. Bei Erwachsenen sind ungeschriebene Gesetze meistens an moralische Grundsätze gebunden: Man darf seine Frau nicht betrügen, nicht schlecht über Freunde reden, und wenn man ein Geschäft per Handschlag abschließt, ist es auch ohne Vertrag gültig. Zu Zeiten, als die alten Griechen ihre Gesetze aufschrieben, hat Solon, ein Gesetzgeber in Athen, um 600 v. Chr. verfügt, dass alle Gesetze schriftlich fixiert und erst damit festgelegt sind. Nur was schwarz auf weiß stand, war gültiges, einklagbares Recht. Auf »ungeschriebene Gesetze« jedoch konnte man sich im menschlichen Miteinander auch in der Antike schon verlassen. Oder?

MAN SOLL DEN TAG NICHT VOR DEM ABEND LOBEN

Die Mahnung ist eindeutig: Auch wenn bis zum Mittag die Sonne scheint und alles gut gelaufen ist – wer weiß, was sich im Laufe des Tages noch alles so anbahnen kann? Wieder tauchen zwei »alte« Bekannte im Zusammenhang mit der Redewendung auf: der griechische

Gesetzgeber Solon und der reiche König Krösus. Der antike Jurist, auf den auch der Ausdruck »solonische Weisheit« zurückgeht, weigerte sich, den reichen Herrscher als »glücklich« zu bezeichnen. Denn: Man darf den Tag nicht vor dem Abend loben und das Leben nicht vor dem Tod! Wer weiß schon, was noch kommt …?

Schuster, bleib bei deineM Leisten

Man glaubt es kaum, aber auch diese Redewendung gab es schon im alten Griechenland. Dahinter steckt die Geschichte eines Malers, der seine Gemälde stets so aufgebaut hat, dass er sich dahinter verstecken und die Betrachter belauschen konnte. Er wollte schließlich wissen, wie seine Werke beim Publikum ankamen. Eines Tages hörte der Maler, wie ein einfacher Schuster seine Arbeit laut kritisierte. Der Schuster hatte auf dem Bild entdeckt, dass an einem der gemalten Schuhe die Ösen falsch angebracht waren. Über die Kritik ärgerte der Künstler sich so sehr, dass er sofort hinter seinem Gemälde hervorkam und wütend den Handwerker mit den Worten »Schuster, bleib bei deinem Leisten!« – du bist zu schlicht, um meine Kunst richtig zu beurteilen – beschimpft hat.

Zu kleine oder neue Schuhe können eine Qual sein! Jeder Schritt schmerzt. Doch auch Sorgen können – wie schlechtsitzende Schuhe – drücken. Nur dass der Schmerz an anderer Stelle zu spüren ist. Für Außenstehende ist das Leid anderer oft schwer erkennbar. Meist weiß nur der Betroffene selbst, wo ihn der Schuh drückt. So erging es auch einem reichen Römer, der sich von seiner wunderschönen, aber treulosen Gattin getrennt hat. Niemand konnte den Mann verstehen. Warum verlässt er diese tolle Frau? Als er gefragt wurde, soll der arme Reiche auf seine Schuhe gezeigt und gesagt haben: »Auch die sind schön – aber niemand weiß, wo mich dieser Schuh drückt!« Weil jeder das Beispiel mit dem drückenden Schuh gut nachvollziehen kann, war die Redensart schon im frühen Mittelalter weitverbreitet und behauptet sich im Sprachgebrauch bis in unsere Tage.

INS GRAS BEISSEN

Auf den Schlachtfeldern der Geschichte mussten schon viele Millionen Menschen ins Gras beißen. Das Bild ist ziemlich präzise, denn genau so liegen die Opfer oft da: Den Mund wie zum stummen Schrei geöffnet, die Zähne im Gras. Vielleicht haben einige Schwerstverwundete sogar wirklich ins Gras gebissen, weil die Schmerzen unerträglich waren? Bei Homer fleht Agamemnon den Göttervater Zeus in der »Ilias« an, die Sonne nicht sinken zu lassen, bevor seine Gegner nicht »im Staub liegend in die Erde gebissen haben«. Während die Engländer noch heute in »Staub« beißen (bite the dust), hat sich seit dem frühen Mittelalter in Deutschland das »Gras« in der Redewendung durchgesetzt.

Ein Herz aus Stein haben

Nur ein lebendiges, pulsierendes Herz kann Mitleid empfinden. Ein Herz aus Stein ist dagegen völlig gefühllos. Als Odysseus heimkehrte und wie ein Bettler aussah, erkannte ihn seine geliebte Gattin Penelope nicht. Sie behandelte ihn abweisend, so als sei ihr Herz aus Stein. So steht es in der »Odyssee« von Homer geschrieben: Um ein Haar wäre die Liebesgeschichte schiefgegangen. Penelope muss man jedoch zugute halten, dass der Geliebte wirklich verdammt lange auf seiner Odyssee unterwegs war. Aus dem griechischen Sprachgebrauch wanderte das »Herz aus Stein« in die Welt der Römer und übers Mittelalter bis hin zu Wilhelm Hauffs Märchen »Das kalte Herz« (1828) in unsere Gegenwart.

Hörner aufsetzen

Wer mit einem Hirschgeweih auf dem Kopf herumläuft, sieht ganz schön blöd aus. Für alle sichtbar ist man – wie ein gehörnter Ochse – der Dumme, wenn man ein Geweih auf dem Kopf trägt. Schon in der griechischen Antike sprach man vom »Gehörnten«, wenn jemand sexuell betrogen worden war. Noch heute sagt man: »Dem hat seine Frau die Hörner aufgesetzt«, wenn die Gattin fremdgegangen ist. Im 12. Jahrhundert war es üblich, Geweihe an die Tür des Hintergangenen zu nageln. Man wollte ihn für alle sichtbar bloßstellen. Hörner galten schon in der Antike als Phallussymbol, doppelte Hörner wie bei einem Hirschgeweih standen für zwei Männer.

UNTER ALLER KANONE

Der Ausdruck klingt militärisch, hat aber mit dem mächtigen Geschütz, das andere gern auffahren, nichts zu tun. Vielmehr kommt der Begriff aus dem Lateinischen. Dort heißt »sub omni canone« unterhalb jeden Maßstabes und bedeutet also richtig schlecht! Doch da im Mittelalter mehr Menschen Kanonen kannten als Latein sprachen, hat sich die Verballhornung der Redensart bis in das 21. Jahrhundert in dieser Weise durchgesetzt.

DIE LORBEEREN ERNTEN

Lorbeeren sind mit unterschiedlichen Redensarten in unseren Alltag eingegangen. Man kann sich auf seinen Lorbeeren ausruhen oder Vorschusslorbeeren ernten. Die Blätter des winterharten Lorbeerbaums galten schon bei den alten Griechen nicht nur als Gewürz, sondern auch als Zeichen des Sieges. Nach geschlagener Schlacht und im sportlichen Wettkampf durften sich die Gewinner mit dem Lorbeerkranz krönen. Auch Künstler waren bei den Griechen berechtigt, ihr Haupt mit den Blättern zu bekränzen. Diese Sitte haben die Römer übernommen. So trugen die römischen Kaiser natürlich Lorbeeren aus Gold. Wer sich hingegen auf seinen Lorbeeren ausruht oder Vorschusslorbeeren erntet, will nur Lob und bringt keine Leistung dafür. Er verliert an Ansehen und ist den Kranz rasch wieder los.

Der Nabel der Welt

Um ihn dreht sich bekanntlich alles: Der Nabel der Welt ist heute individuell interpretierbar und wird oft mit leichtem Unterton verwandt: »Für die ist ihr kleines Häuschen der Nabel der Welt.« Die alten Griechen hingegen glaubten wirklich, dass es diesen Mittelpunkt der Erde gibt. Sie vermuteten ihn im Apollo-Tempel von Delphi. Dort lag ein reichverzierter Stein. Der Kultgegenstand symbolisierte den Treffpunkt zweier Adler, die Göttervater Zeus um die Erde fliegen ließ, um nach dem Nabel der Welt zu suchen. Über Delphi, so die Legende, sind die weitgereisten Vögel zusammengetroffen.

Keine andere Blume ist so symbolträchtig wie die Rose. Sie ist die Blume der Verliebten, steht für Glück und Genuss, Sinnesfreuden und Verschwendung. Blumenkinder streuen heute noch Rosenblätter auf den Weg, den ein frisch vermähltes Brautpaar beschreitet. Wer auf Rosen gebettet ist, der kann im Luxus schwelgen. Schon die Diener der sagenhaften ägyptischen Königin Kleopatra ließen für ihre Herrscherin Rosen regnen. Im Altertum wurden die Lagerstätten in Herrscherhäusern mit Rosenblättern verziert, Kissen und Decken sogar mit den wohlriechenden Blumen gefüllt. Man war im wahrsten Sinne des Wortes auf Rosen gebettet.

WIE PHÖNIX AUS DER ASCHE
AUFERSTEHEN

Im alten Griechenland gab es die Geschichte von Phönix, einem wunderschönen Vogel. Wenn er sein Ende kommen sah, verbrannte er sich selbst. Doch der Tod durch die totale Vernichtung des Feuers konnte dem komischen Vogel nichts anhaben: Dank der Kraft der Sonne konnte er wieder aus seiner eigenen Asche auferstehen. Das starke Symbol für Wiedergeburt war schon den alten Ägyptern vertraut. Sonnengott Re hatte seine Hände im Spiel, wenn es im Land der Pharaonen um Erneuerung und Auferstehung ging. Wer heute wie Phönix aus der Asche aufersteht – so mancher gescheiterte

Politiker träumt davon –, hat die Chance auf einen neuen Anfang und steht oft sogar besser da als vorher.

Seinen Obolus beisteuern/entrichten

In Griechenland war der Obolus die kleinste Münze und nur den Bruchteil (etwa ein Sechzehntel) einer Drachme wert. Doch ohne Obolus war man als Verstorbener arm dran, denn der sagenhafte Fährmann Charon, der den Toten über den Fluss ins Totenreich rudert, verlangt für seine Tour genau einen Obolus. Deshalb legte man Verstorbenen früher eine solche Münze in den Mund. Wer nicht zahlen konnte, durfte nicht an Bord. Demjenigen war also das Leben im Jenseits verwehrt. Heute steht der Obolus, den man in der Redewendung entrichtet oder beisteuert, für eine winzige Summe oder einen als selbstverständlich zu zahlenden Beitrag.

Epische Breite

Da redet jemand und redet und redet. Bis in alle Einzelheiten wird ein Vorgang in epischer Breite weitschweifig ausgemalt – bis dem Zuhörer vor Langeweile die Augen zufallen. Der Redner kommt irgendwie nicht zur Sache. Das griechische Wort »Epos« heißt eigentlich »Erzählung«. In den Amphitheatern trugen Sänger und Dichter ihre Werke vor. So ein Theaterstück konnte oft stundenlang dauern, denn Wiederholungen und Formeln wurden zigmal durchgekaut. Wer je Homers »Odyssee« oder die »Ilias« gelesen hat, der weiß genau, was epische Breite bedeutet.

DIE MONATE –
ABBILD VON STERNEN UND GÖTTERN

Die Monate markieren für uns den Jahresverlauf und sind wie die Wochentage unsere ständigen Begleiter. Dabei werden wir ständig an römische Götter – die wiederum für Sternenerscheinungen standen – erinnert, ohne dass wir uns dessen bewusst sind.

Januar (31 Tage), 1. Monat im Jahr
Abgeleitet vom römischen *Januarius* (Janus gewidmet). Janus war der römische Gott des Tordurchgangs – also des Ein- und Ausgangs –, auch Gott des Anfangs und des Endes (deshalb wurde er oft doppelköpfig – »janusköpfig« – dargestellt). Im Laufe der Jahrhunderte wurden dem Januar viele Beinamen gegeben, u. a.: Eismond, Schneemond und Hartung. War er doch von allen Monaten derjenige, der die härteste Kälte bringt.

Februar (28 bzw. in Schaltjahren 29 Tage), 2. Monat im Jahr
Abgeleitet vom römischen *Februarius*; benannt nach dem altrömischen Reinigungs- und Sühnefest. Auch Hornung genannt, da sich viele Tiere in diesem Monat hörnen. Weitere Namen: Schmelzmond, Regenmonat

und Narrenmond (auf den die Fastnacht zurückzuführen ist).

März (31 Tage), 3. Monat im Jahr
Abgeleitet von *Martius*, d. h., dem römischen Kriegsgott Mars gewidmet. Auch Lenzmond, Frühlingsmonat genannt (21. März: Beginn des Frühlings/Lenz)

April (30 Tage), 4. Monat im Jahr
Abgeleitet vom römischen *aperta* – ein Beiname des Gottes Apollon. *Aperire* ist auch gleichbedeutend mit »öffnen«. Der April wird auch als Launing bezeichnet, weil sich das Wetter oft von der launischen Seite zeigt.

Mai (31 Tage), 5. Monat im Jahr
Der Name leitet sich von der römischen Wachstumsgöttin Maya ab. In manchen Gegenden wird der Mai volkskundlich auch als Weidemonat bezeichnet, weil in dieser Zeit das Vieh auf Weiden und Almen gebracht wurde. Von Gärtnern auch als Blühmonat bezeichnet.

Juni (30 Tage), 6. Monat im Jahr
Vermutlich der Göttin Juno gewidmet. Er wird auch Brachet und Brachmond genannt, weil in dieser Zeit die Bearbeitung der Bracheäcker begann. Auch Rosenmonat ist eine gebräuchliche Bezeichnung, da in dieser Zeit die ersten Rosen ihre Blüten entfalten.

Juli (31 Tage), 7. Monat im Jahr
Benannt nach Julius Cäsar. Je nach Region auch Heuert, Heumond oder Heumonat genannt, weil im Juli in der

Regel die Heuernte anfiel. In manchen Gegenden auch Beerenmonat, Honigmonat oder Erntemonat. Im Römischen Kalender war er der 5. Monat des Jahres.

August (31 Tage), 8. Monat im Jahr

Der Name ist auf den römischen Kaiser Augustus zurückzuführen. Mitunter auch Ährenmonat, Ernting oder Sichelmond genannt, weil im August das Getreide geerntet wurde. Wegen der Klimaverschiebung und weil andere Getreidesorten angebaut werden, findet heute die Getreideernte aber meist schon früher statt.

September (30 Tage), 9. Monat im Jahr

Der Name ist vom lateinischen *septem* – sieben – abgeleitet, da der September im Römischen Kalender der 7. Monat im Jahr war. In manchen Gegenden wird er auch volkskundlich Scheidling genannt, da im September sowohl Sonnenkraft als auch der Sommer dahinscheiden.

Oktober (31 Tage), 10. Monat im Jahr

Der Name kommt vom lateinischen *octo* – acht –, denn nach dem Römischen Kalender war er der 8. Monat. Der Oktober wurde auch Gilbhardt genannt, weil sich in dieser Zeit die Blätter färben, also gelb werden bzw. zu gilben beginnen. Der Name Weinmonat liegt ebenfalls nahe, weil meist im Oktober die Weinlese stattfindet.

November (30 Tage), 11. Monat im Jahr

Der Name ist ebenfalls aus dem Lateinischen abgeleitet. Dabei steht *novem* für neun, da dieser Monat im alten Römischen Kalender an der 9. Stelle des Jahres stand.

Früher wurde er auch als Nebelmond, Wolfmond und Schlachtmonat bezeichnet.

Dezember (31 Tage), 12. Monat im Jahr
Die Bezeichnung ist vom lateinischen Wort *decem* abgeleitet, weil beim alten Römischen Kalender der Dezember der 10. Monat im Jahr war.

Sisyphusarbeit

Der arme Sisyphus (oder Sisyphos) wurde von den griechischen Göttern bestraft, weil er Gottvater Zeus mehrfach überlistet hatte. Und da versteht der Herrscher auf dem Olymp keinen Spaß. Bis ans Ende aller Tage musste der Arme nun zur Strafe einen Felsbrocken auf einen Berg rollen – oben angekommen, fällt der schwere Stein wieder in den Abgrund, und Sisyphus muss sich erneut an die Arbeit machen. Ein grausames Schicksal! All die Menschen, die eine sinnlose Arbeit vollführen, die nie zu Ende zu gehen scheint, kennen das Sisyphusgefühl.

Gott Bacchus huldigen

Wer heute in geselliger Runde bei einem guten Wein sitzt oder sich gar intensiv mit Wein beschäftigt, in Keller hinabsteigt, um sich mit dem Rebensaft auseinanderzusetzen, der huldigt Gott Bacchus. Bacchus war bei den

Griechen und Römern der Gott des Weines. Man sagt, wer ihm huldigt, trinkt reichlich Wein.

Steter Tropfen höhlt den Stein

Ein Stein, auf den immer wieder Wasser tropft, wird irgendwann Aushöhlungen haben. So wie der Tropfen kann man mit Beharrlichkeit Forderungen durchsetzen und seine Ziele erreichen. So sagt es jedenfalls die volkstümliche Redewendung. Wer bei seinem Arbeitgeber ständig nach mehr Gehalt fragt, wird nicht unbedingt erhört werden; ja, er mag sich vielleicht sogar unbeliebt machen. Und dennoch ist etwas dran an dem alten Sprichwort. Wer nämlich lasch ist, an seinen Zielen nicht festhält und diese nicht konsequent verfolgt, wird auch nichts erreichen und schwierige, »steinharte« Probleme nicht lösen können.

Die Redewendung findet sich sowohl bei dem römischen Dichter Ovid (43 v. Chr. – 18 n. Chr.) als auch beim griechischen Epiker Choirilos von Samos, welcher in der zweiten Hälfte des 5. Jahrhunderts vor Christus lebte.

Mores lehren

Die Herkunft des Begriffes geht sehr weit zurück. Zur Zeit der alten Römer bedeutete Mores »gutes Benehmen« und leitete sich vom Plural des lateinischen Wortes »mos«

für Sitte und Anstand ab. Will man heute jemanden Mores lehren, geht es recht streng und schulmeisterlich zu. Es geht um gutes Betragen und richtet sich meistens an Menschen, die sich nicht richtig benehmen können.

Mit jemandem quitt sein

Es ist ein beruhigendes Gefühl: Man ist jeglicher Verpflichtung entledigt, man ist mit seinem Gegner oder Schuldner quitt. Das Wort ist sehr alt und leitet sich aus dem lateinischen »quietus« für losgelöst, frei und ungestört ab und ist auf dem Weg durch die Zeit zu einer heute gebräuchlichen Redewendung geworden.

Kaiserschnitt

Heute ist der Kaiserschnitt gang und gäbe; viele Frauen lassen sich auf diese Weise entbinden, auch wenn es medizinisch nicht notwendig wäre. Früher hat der Kaiserschnitt – und teilweise ist es auch heute noch so – vielen Frauen das Leben gerettet. Die Bezeichnung geht auf den römischen Imperator Caesar zurück. Der soll nämlich auch eine Kaiserschnittgeburt gewesen sein: Man hat ihn seiner Mutter »aus dem Leib geschnitten«. Im Lateinischen steht caedere/caesum für ausschneiden. Nachdem das Wort Kaiser von Caesar abgeleitet ist, geht der Kaiserschnitt also auf den ersten römischen Kaiser

Gaius Julius Caesar (100–44 v. Chr.) zurück. Noch deutlicher wird dies im Englischen. Dort wird der Kaiserschnitt nämlich noch heute als »caesarean« bezeichnet. Verwandt ist auch das Wort Zäsur, das ja für einen gedanklichen Einschnitt steht.

Abrakadabra

Abrakadabra sagen Kinder, wenn sie Zauberer spielen, und Abrakadabra sagt auch so mancher professionelle Zauberkünstler. Das Wort ist schon aus spätgriechischen Schriften bekannt und vermutlich aus dem Wort »Abraxas« abgeleitet. Dabei handelt es sich um ein Zauberwort, das sich aus den Anfangsbuchstaben hebräischer Gottesnamen zusammensetzt. Abraxas findet sich als Herrschafts- und magisches Zeichen schon in frühgriechischen Zauberschriften sowie auf Amulettsteinen. Oft ist die Zauberformel in Verbindung mit einem menschlichen Rumpf, der von einem Hahnenkopf gekrönt wird, verbunden. Man benutzte früher das Wort Abrakadabra, um Krankheiten zu besiegen.

Die sieben Buchstaben des Wortes Abraxas haben im Griechischen den Zahlenwert 365 (a = 1, b = 2, r = 100, x = 60, s = 200). Die Zahl 7 gilt in vielen Kulturen als magische Zahl.

2. Kapitel
Die Sprache der Bibel und der Kirche

Wer's glaubt, wird selig. Da denken die Kollegen in der Finanzbuchhaltung, dass man Berge versetzen kann, und sitzen selbst geborgen in Abrahams Schoß. Doch Vorsicht: Hochmut kommt vor dem Fall! Und schon so mancher Beamte ist vor Schreck zur Salzsäule erstarrt, wenn der Abteilungsleiter ihm die Leviten liest. Auch bei der Verwaltung gibt es der Herr den Seinen nicht im Schlaf. Während die Kollegen in der Finanzabteilung herrlich und in Freuden leben, weil sie ständig zu Kreuze kriechen, wäscht die Personalabteilung ihre Hände in Unschuld.

Auch wenn es den Atheisten ein Dorn im Auge ist, die Bibel begleitet uns mit vielen Redensarten durch den Alltag. Da können die Ungläubigen mit Engelszungen reden: Bibelworte sind in aller Munde. Wir sind bibelfest, ohne es zu ahnen.

Wer allerdings den siebten Himmel in der Bibel sucht, wird enttäuscht: Die Redensart geht auf das Judentum und den Koran zurück. Danach besteht der Himmel aus sieben Etagen, und Gott wohnt mit seinen Engeln ganz oben. Im siebten Stock eben. Der Himmel ist also ein

Kapitel für sich. Übrigens: Dieser Spruch wurde im Mittelalter in den Klöstern geprägt. Gemeint sind die Kapitel in der Bibel. Und weil ungebildete Nicht-Nonnen auf dem Lande oft kein Wort verstehen konnten – damals wurde nämlich alles in lateinischer Sprache verlesen –, steht die Redensart auch heute noch für eine ganz besonders komplizierte Angelegenheit.

* * *

IN ABRAHAMS SCHOSS SITZEN

Lazarus bat nur um die Reste, die vom Tisch des reichen Mannes fielen, um seinen Hunger zu stillen. Doch der in Purpur gekleidete, aufgetakelte Angeber »lebte alle Tage herrlich und in Freuden« (Lukas 16, 19), feierte bis in den frühen Morgen und ließ den armen, kranken Mann vor seiner Tür einfach verhungern. Dann kamen die Engel und trugen Lazarus davon und legten ihn in Abrahams Schoß. So steht es bei Lukas 16, 22 im Neuen Testament. Und der Reiche? Auch er starb und wurde begraben. Aus dem Totenreich konnte er von ferne Lazarus in Abrahams Schoß sitzen sehen. Der Reiche jammerte vor Schmerz und Qual in den Flammen, flehte um Gnade und wollte wenigstens seine Brüder vor diesem Schicksal bewahren und warnen. Doch Abraham blieb hart. Die Warnung ist unüberhörbar: Wer später gemütlich in Abrahams Schoß sitzen will, sollte beim Obdachlosen, der vor der Haustür um ein Almosen bittet, nicht knausern.

Es hat einen Überfall gegeben, und alle glotzen. Es bildet sich sogar ein Stau, weil auch der sehbehinderte Opa noch einen Blick auf das Opfer werfen will. Die Sanitäter im Rettungswagen müssen sich von der Polizei einen Weg durch all die Schaulustigen bahnen lassen. Wer heute »unter die Räuber fällt« (Lukas 10, 30–37), der muss schon großes Glück haben, um unter all den Schaulustigen und Katastrophentouristen auf einen barmherzigen Samariter zu treffen. In der Bibel hilft der Mann: Er gießt Öl und Wein auf die Wunden des Opfers, verbindet ihn (holt also den Verbandkasten aus dem Auto und verarztet das Opfer) und bringt den Verletzten mit seinem Tier in eine Herberge (legt ihn ins Auto und fährt ihn zum Hotel oder ins Krankenhaus). Der barmherzige Samariter gibt dem Wirt sogar zwei Silbergroschen (er bezahlt die Hotelrechnung). Jesus fand das gut. Er sprach: »So gehet hin und tuet desgleichen!« Eine klare Ansage.

EIN FEIGENBLATT

Auf Mallorca, Ibiza und an der Copacabana in Rio würde jede Strandschönheit ein Feigenblatt als totale Verhüllung verstehen. Angesagt sind heute schmale, T-förmige Stoffstreifen, die zwischen den Pobacken zwicken und den Begriff »Höschen« nicht verdienen. Adam und Eva hätten sich im Stringtanga vor Gott vielleicht noch

mehr geschämt als mit Feigenblatt. Nach dem Sünden-
fall fühlten sie sich auf einmal schrecklich nackt, griffen
deshalb zum Feigenblatt »und machten sich Schurze«.
Glücklich waren sie mit ihrer spärlichen Bekleidung
nicht. Die beiden ersten Menschen fühlten sich vor Gott
schrecklich underdressed. Deshalb versteckten sie sich
(1. Mose 3, 7). Das Bild der spärlich bedeckten Blöße
von Adam und Eva hat die Menschen im Mittelalter sehr
beeindruckt und vielleicht sogar ein wenig angemacht.
In der Kunst war das Feigenblatt jedenfalls über lange
Zeit hinweg Standardstilmittel bei Gemälden. Ge-
schlechtsteile wurden dürftig unter einem Feigenblatt
versteckt. Wer heute den Begriff »als Feigenblatt benutzt« anwendet, spricht von einer Verhüllung, die offensichtlich schiefgegangen ist.

LIEBE, GLAUBE UND VERSETZTE BERGE

Die Bibel feiert »die Liebe als die höchste Geistesgabe«.
Und so hören viele Brautpaare – wenn sie nicht zu auf-
geregt vor dem Altar stehen und Angst haben, dass die
Ringe nun doch nicht passen – häufig Korinther 13, das
Hohelied der Liebe. Und sie erkennen in der Bibelstelle
Redewendungen, die ihnen aus dem Alltag vertraut sind.
Da wären zum Beispiel die vielzitierten »Engelszun-
gen«, die sich ohne die Liebe allenfalls wie »tönend Erz
oder eine klingende Schelle« anhören. Also ziemlich
schauderhaft. Und selbst der Glaube, der ja bekanntlich
»Berge versetzen kann«, sei ohne Liebe nichts. So steht

es in Korinther 13, 13: »Nun aber bleiben Glaube, Hoffnung, Liebe, diese drei; aber die Liebe ist die Größte unter ihnen.« Oder um mit den Beatles zu sprechen: »All you need is love.«

WER'S GLAUBT, WIRD SELIG

Der eigentliche Sinn der Bibelstelle wurde flugs ins Gegenteil verkehrt und im Alltag ironisch angewandt: Der Sozialminister sagt, die Renten sind sicher? Ja, ja! Wer's glaubt, wird selig. Wir lassen uns doch nicht für dumm verkaufen. Doch Markus 16, 16 in der Bibel meint es sehr ernst: »Wer da glaubet und getauft wird, der wird selig werden.« Ein tröstlicher Gedanke, der mit der gleich anschließenden Drohung »wer aber nicht glaubet, der wird verdammt werden« das kuschelige Gefühl der Geborgenheit sofort wieder zunichtemacht.

DIE HÄNDE IN UNSCHULD WASCHEN

Wer die Hände in Unschuld wäscht, will deutlich machen, dass er mit einer eher brenzligen Sache nichts zu tun haben will oder nichts zu tun hat. Die Redewendung findet sich an mehreren Stellen in der Bibel, u. a. bei Matthäus 27, 24. Dort wird vom römischen Statthalter Pilatus berichtet, welcher seine Unschuld am Tod von Jesus beteuert. So heißt es: »Da nahm er Wasser und

wusch die Hände vor dem Volk und sprach: Ich bin unschuldig an dem Blut dieses Gerechten; sehet ihr zu!«
Im Psalm 26 heißt es: »Ich wasche meine Hände in Unschuld und halte mich, Herr, zu Deinem Altar.« Im Alten Testament wird von einer Vorschrift berichtet, wonach die Ältesten einer Stadt zu einem von unbekannter
Hand Erschlagenen eine junge Kuh bringen sollen, welche zuvor getötet wurde. Im Beisein der Priester und
zum Zeichen ihrer Unschuld sollen sie über der Kuh
ihre Hände waschen mit den Worten: »Unsere Hände
haben dies Blut nicht vergossen ...«

Den Seinen gibt's der Herr im Schlaf

Ja, ist das denn gerecht? Da steht doch tatsächlich in
Psalm 127, 2: »Es ist umsonst, dass ihr früh aufsteht und
hernach lange sitzet und esset euer Brot mit Sorgen;
denn seinen Freunden gibt er es im Schlaf.« Ist das etwa
der ultimative Aufruf zum Faulenzen? Da muss man nur
an Gott glauben, und schon braucht man nicht mehr zu
arbeiten? Die Bibel meint etwas ganz anderes und sagt es
zwei Sätze vorher auch deutlich: »Wenn der Herr nicht
das Haus baut, so arbeiten umsonst, die daran bauen!«
Was so viel heißt wie: Ohne Gott geht gar nichts. Was
immer man tut, es liegt kein Segen darauf. Da kann man
genauso gut schlafen ...!

Angeber, aufgepasst: Die Sprüche Salomons (16, 18) lassen keinen Zweifel aufkommen. Da steht: »Wer zugrunde gehen soll, der wird zuvor stolz; und Hochmut kommt vor dem Fall.« Der Ratschlag in der Bibel lautet: »Besser niedrig sein mit den Demütigen als Beute austeilen mit den Hoffärtigen.« Wenn man da so die Klatschspalten der Hochglanzmagazine liest, Showstars und Sternchen in lasziven Posen betrachtet, Manager- und Politiker-Hybris erträgt und Neureiche im Porsche um die Ecke brausen sieht, muss man sich doch wundern. Müssten nicht all jene Gefallene der Gesellschaft sein. Wo sind ihre Knochenbrüche, ihre Gipsverbände? Die Prophezeiungen scheinen sich nicht immer zu erfüllen. Vor dem Fall kommt jedenfalls recht häufig der Tanz ums Goldene Kalb (2. Mose 32). Die Vergötterung des Geldes gilt vor Gott als schwere Sünde.

Das Kreuz macht es uns schwer

Haben Sie schon einmal jemandem etwas aus dem Kreuz geleiert? Es hat erst unglaublich viel Mühe gekostet und dann doch irgendwie geklappt. Mit diesem Kreuz ist nicht das Folterwerkzeug der Römer gemeint, sondern die Wirbelsäule. Auch wer einen anderen Menschen aufs Kreuz legt, fällt ihm quasi in den Rücken. Gemeint ist hier das Kreuzbein, ein Knochen der Wirbelsäule, der einem kleinen Kreuz nicht unähnlich sieht. Deshalb

tauften ihn die alten Lateiner auch heiliger Knochen, »os
sacrum«. Die anderen Kreuze, die regelmäßig im Alltag
auftauchen, leiten sich häufig von religiösen Osterbräu-
chen der katholischen Kirchen im Mittelalter ab. Damals
haben Gläubige am Karfreitag ein schweres Holzkreuz
geschultert, um die Leiden Christi nachzuempfinden
und Buße zu tun. Sie hatten wahrhaftig ein Kreuz zu
tragen. In einigen Regionen Südeuropas ist es in länd-
lichen Gemeinden auch heute noch üblich, seinen Glauben auf diese Art zu bezeugen. Wer dann noch zu Kreuze
kriechen will, rutscht am Karfreitag in der Kirche auf
Knien vor dem Kreuz über den Boden. Ein Zeichen der
Reue.

Das Lamm, das zur Schlachtbank
geführt wird

Lämmer sind das Symbol der Unschuld auf vier Pfoten.
Wer sich wie ein Lamm nicht mehr wehrt, sein Schicksal
angenommen hat und nicht zur Verteidigung fähig ist,
wird von seinen Gegnern gnadenlos zur Schlachtbank
geführt. Doch eigentlich redet der Volksmund nicht vom
Lamm als wehrloses Tier, sondern von Gottes Sohn:
»Als er gemartert ward, litt er doch willig und tat seinen
Mund nicht auf wie ein Lamm, das zur Schlachtbank geführt wird; und wie ein Schaf, das verstummt vor seinem
Scherer …« (Jesaja 53, 7). Die Leiden Christi, geduldig
ertragen vom »Lamm Gottes«, das durch seinen Opfer-
tod »hinwegnimmt die Sünden der Welt«.

Ein bisschen Zeigefinger, ein moralischer Unterton und die unstillbare Sehnsucht nach einer höheren Gerechtigkeit gehören wie Romeo zu seiner Julia im Alltagsgebrauch zu diesem Bibelsatz: »Aber viele, die da sind die Ersten, werden die Letzten, und die Letzten werden die Ersten sein« (Matthäus 19, 30). Der Satz in seiner verkürzten Form trifft den unverschämten Vordrängler an der Supermarktkasse, wenn nebenan plötzlich die Kassiererin sagt: »Kommen Sie doch auch zu mir herüber« und man seinen Einkaufswagen hoch erhobenen Hauptes an dem blöden Drängler vorbeischieben kann. Und wenn der Erfolg des Kollegen, der jede Menge Aufträge eingeholt hat, plötzlich bei einem selbst dieses fiese Gefühl von Neid tief unten im Bauch auslöst, wird der Satz gern gesagt. »Ja, ja! Eines Tages werden die Letzten die Ersten sein.« Im Alltag hat der Satz etwas Negativ-Prophetisches: »Na, warte mal ab, ob nicht doch alles letztendlich noch schiefgeht …!« In der Bibel ist der Satz frei von diesen dunkelgrünen Gefühlen: Es geht einzig um die Nachfolge Jesu.

Dieselbe Litanei / Jemandem die Leviten lesen

Du rauchst zu viel, du trinkst zu viel, du redest nicht mit mir, und Mutter hat auch schon gesagt …! »Gott, nicht schon wieder diese Vorwürfe – nicht immer dieselbe

Litanei!«, fleht der genervte Ehepartner, wenn ihm seine Frau wieder die Leviten liest. Meist haben beide Seiten keinen Schimmer, was die Sätze eigentlich bedeuten. Der Begriff »Litanei« geht aufs griechische »litaneia« zurück, was flehen oder bitten heißt. Um Gott um Gnade oder Hilfe anzurufen, werden in der katholischen Kirche monotone Wechselgesänge ständig wiederholt. Vielleicht haben genervte Kirchengänger diesen Ausdruck geprägt. »Leviten« waren im Mittelalter Gehilfen der Priester. In der katholischen Kirche wurde von ihnen auch vorgelesen, und dabei wurde oft gleichzeitig eine Strafpredigt gehalten. Es gab übrigens den israelischen Stamm der Leviten, die im Tempel dienten und das Gesetz vorgelesen haben.

Wenn ein Kamel durchs Nadelöhr geht

Alle Armen dürfen sich freuen. Jesus hat gesagt: »Es ist leichter, dass ein Kamel durchs Nadelöhr gehe, als dass ein Reicher ins Reich Gottes komme« (Matthäus 19, 24). Da saß der Schock bei seinen Jüngern tief, und sie fragten: »Wer kann dann selig werden?« Doch Jesus hat – wie immer – ein Fünkchen Hoffnung bereit: »Bei den Menschen ist's unmöglich; aber bei Gott sind alle Dinge möglich …!« Doch wie kommt das groteske Beispiel zustande? Ist die Übersetzung aus dem griechischen Ursprungstext vielleicht ein wenig dürftig? Jesus sprach aramäisch. Doch es gibt auch noch eine andere Erklärung: Im alten Jerusalem gab es einen engen, schier unpassierbaren Durchgang in der Stadtmauer, der »Nadelöhr« genannt wurde. Für Kameltreiber damals eine echte Herausforderung, denn die Lasttiere wollten sich nicht so einfach durchs Nadelöhr treiben lassen. Und da Jesu gern in Bildern sprach, findet sich das Kamel, das nicht durchs Nadelöhr will, in der Bibel wieder.

ZUR SALZSÄULE ERSTARREN

Da ahnt man nichts Böses, geht ins Wohnzimmer, macht Licht, und plötzlich steht er da: ein Einbrecher! Statt zu schreien, Hilfe zu holen oder einfach wegzulaufen, bleibt man stehen und rührt sich nicht. Man ist vor Schreck bewegungslos – wie zur Salzsäule erstarrt! Am Westufer des Toten Meeres gibt es einen Salzstock, der, mit viel Phantasie betrachtet, die Umrisse einer menschlichen Gestalt hat. Er wird »Frau Lot« genannt. Doch wer war die gute Frau, die vor Schreck zur Salzsäule erstarrt ist? Im Alten Testament steht im ersten Buch Mose 19 die Geschichte vom Untergang von Sodom und Gomorra. Der Herr war wütend auf die Gottlosigkeit der Bewohner dieser beiden Städte. Er plante, sie mitsamt ihren Einwohnern zu vernichten. Nur die gottesfürchtige Familie Lot sollte verschont werden. Guter Rat an Lot: »Rette dein Leben und sieh nicht hinter dich!« Dann ließ der Herr Schwefel und Feuer vom Himmel auf Sodom und Gomorra regnen, um alles zu vernichten. Es krachte gar fürchterlich, und die neugierige Frau Lot

wollte wissen, was hinter ihr passiert war. Sie konnte
ihre Neugier nicht beherrschen und hat dafür mit dem
Leben bezahlt: »Lots Weib sah hinter sich und war zur
Salzsäule erstarrt« (1. Mose 19, 26).

Auf Sand kann man nicht bauen

Sand kann ganz schön heimtückisch sein. Wer auf Sand
baut, ist ziemlich dumm, denn das Fundament findet auf
dem losen Baugrund keinen Halt, und irgendwann stürzt
das Mauerwerk ein. Jesus predigte wie ein Bauherr für
die Ewigkeit und warnte: »… wer diese meine Rede hö-
ret und tut sie nicht, der ist einem törichten Mann gleich,
der sein Haus auf Sand baute« (Matthäus 7, 26). Auch
der Vergleich wie Sand am Meer ist biblischen Ursprungs
und wird häufig als Bild benutzt, um eine unendliche
Vielzahl auszudrücken. Wie zum Beispiel im Psalm 78,
27: »Und ließ Fleisch auf sie regnen wie Staub und Vögel
wie Sand am Meer.« Wer auf Sand sitzt, hängt wie ein
Schiff auf einer Sandbank fest und, obwohl dieser Spruch
nicht aus der Bibel stammt, es hilft dem Skipper meist
nur Beten, um sein Schiff wieder freizukriegen. Im Sande
verlaufen Dinge, die ursprünglich ganz wichtig, auf einmal völlig an Bedeutung verlieren. Abenteurer machen
bei der Suche nach Wasser in der Wüste häufig diese negative Erfahrung. Was hoffnungsvoll als Quell beginnt,
versiegt vor den Augen Durstiger im Sand.

Adam und Eva hatten es nach dem Südenfall wirklich nicht leicht: Erst wurden sie wegen eines Apfels aus dem Paradies vertrieben, und dann drohte Gott ihnen obendrein mit einem elendig anstrengenden Leben. Er sagte zu Adam: »Im Schweiße deines Angesichts sollst du dein Brot essen, bis du wieder zu Erde werdest« (1. Moses 3, 19). Heute wird der Bibelspruch immer dann angewandt, wenn jemand ein bisschen verspottet werden soll.

Wenn man vom Teufel spricht

Nicht nur in der Bibel ist vom Teufel die Rede. Die mittelalterliche Welt des Aberglaubens ist randvoll mit Teufeln und Dämonen. Man fürchtete das Böse und vermied schon die einfache Darstellung des Teufels, denn man glaubte damals an die Magie der Bilder. Deshalb darf man um Himmels willen nicht den Teufel an die Wand malen, denn dann kommt das Unheil erst recht über einen. Besser ist es also, Befürchtungen gar nicht erst auszusprechen. Denn wenn man vom Teufel spricht, ist er schon im Anmarsch. Die bloße Erwähnung reicht, um Dämonen heraufzubeschwören. Wer gar den Teufel im Leib hat, ist besessen und nicht mit normalen Maßstäben zu messen. Denn der Teufel ist in ihn gefahren, oder er wird vom Teufel geritten. Verhielt sich im Mittelalter jemand eigenartig (vielleicht weil er krank war), wurde rasch ein Exorzist geholt, um dem armen Wesen den

Teufel auszutreiben. Dabei wurde viel Weihwasser versprüht und auch Gewalt angewendet. Man musste nur aufpassen, dass man den Teufel nicht mit dem Beelzebub austrieb. Dieser war in der Vorstellungswelt der Israeliten der Fürst der Dämonen und hat seinen Ursprung im Namen des heidnischen Gottes Baal-Zebul (von da ist es sprachlich nicht weit zu Beelzebub). Wer sich in Teufels Küche wiederfindet, der ist in eine verdammt schwierige Situation geraten. Denn es ist in der Küche der Hölle nicht nur unglaublich heiß, sondern hier schmoren auch die armen Seelen. Bei einer derart prekären Lage hilft meist nur Beten ...

Auge um Auge, Zahn um Zahn

In vorchristlichen Zeiten galt der Spruch »Auge um Auge, Zahn um Zahn« – was nichts anderes besagt, als dass man sich für eigenen Schaden entsprechend rächt. Im Alten Testament (Moses 24, 19–20) heißt es, dass bei erlittenem Schaden Gleiches mit Gleichem vergolten wird – mit folgender Formulierung: »Und wer seinen Nächsten verletzt, dem soll man tun, wie er getan hat, Schade um Schade, Auge um Auge, Zahn um Zahn; wie er hat einen Menschen verletzt, so soll man ihm wieder tun.« Den Ausführungen im Neuen Testament zufolge hat Jesus den alten Rechtsgrundsatz jedoch aufgegriffen und gelehrt, dass man nicht Gleiches mit Gleichem vergelten soll. So heißt es: »Ihr habt gehört, dass da gesagt ist: Auge um Auge, Zahn um Zahn. Ich aber sage euch, dass ihr nicht widerstreben sollt dem Übel; sondern, so dir jemand einen Streich gibt auf deinen rechten Backen, dem biete den anderen auch dar« (Matthäus 5, 38–39). Aber noch oft wird der Ausdruck entgegen der Bibelempfehlung nach dem Motto gebraucht: Dem werde ich's zeigen, Auge um Auge, Zahn um Zahn. Auch wenn dabei keine Augen und Zähne ausgeschlagen werden, geht es letztlich doch darum, es jemand anderem heimzuzahlen.

BABYLONISCHE SPRACHVERWIRRUNG / BABYLONISCHES SPRACHENGEWIRR

Der Untergang des sagenumwobenen Babylon – auch Babel genannt –, einst Zentrum der altorientalischen Kultur, wird in der Bibel an mehreren Stellen erwähnt. Babel steht für einen Sündenpfuhl und wird vom Propheten Jeremia (Jeremia 50 und 51) sowie in der Offenbarung des Johannes (Neues Testament, Johannes 17 und 18) vorausgesagt und beschrieben. Die babylonische Sprachverwirrung besagt, dass Gott die Menschen Babels wegen ihrer Überheblichkeit und weil sie einen Turm bis zur Höhe des Himmels errichteten (Turmbau zu Babel) bestrafte. Er nahm ihnen jegliche Kommunikationsmöglichkeit, indem er ihre Sprache verwirrte. Die babylonische Sprachverwirrung steht heute immer noch für Verständnislosigkeit unter den Menschen und Völkern dieser Welt.

Bildlich darf man sich das wirklich nicht vorstellen. Da hat jemand Hunger, und weil er nichts zu essen hat, nagt er an einem Tuch herum. In der Tat hat die Redewendung mit Hungern, nämlich mit Fasten zu tun. Früher bezeichnete man das Tuch, mit welchem während der Fastenzeit der Altar in der Kirche verhängt wurde, als »Hungertuch«. Schon im 16. Jahrhundert pflegte man den Brauch, ein Fastentuch zu nähen. Und so hieß es früher auch zunächst »am Hungertuch nähen«; erst später wurde die Redewendung umgewandelt in »am Hungertuch nagen«. Heute steht der Begriff sinnbildlich für Not leiden.

3. Kapitel
Unsere Körpersprache –
Hand und Fuß sowie andere
Körperteile

Psychologen sagen es immer wieder: Die Körpersprache des Menschen ist ganz entscheidend für die Kom-
munikation. Gibt sich jemand offen oder verschlossen,
so ist ihm dies durchaus anzusehen. Doch nicht diese
nonverbale Körpersprache ist hier gemeint, sondern
Redewendungen rund um unseren Körper und manche
seiner Teile, die immer wieder für allerlei sprachliche
Vergleiche herhalten müssen. So ist es, wenn eine Sache
Hand und Fuß hat, wenn wir bei einer Begebenheit
große Augen machen oder mal wieder argwöhnen, dass
manche Dinge eben nur dann in der Gesellschaft laufen,
wenn eine Hand die andere gewaschen hat.

* * *

Nicht nur die Gladiatoren in den römischen Arenen, sondern auch andere Kämpfer griffen früher beim Zweikampf zu einem Trick: Wer am Boden lag und obendrein seine Waffe verloren hatte, nahm eine Handvoll Sand oder Erde und warf sie dem Gegner ins Gesicht, um seine Augen zu trüben und ihn seiner Kampfkraft zu berauben. Nun wirft natürlich nicht jeder mit Sand um sich, wenn er sprichwörtlich anderen Sand in die Augen streut. Der Begriff steht heute auch dafür, dass man andere in einer Sache täuscht, dass man ihnen den Blick für die tatsächlichen Fakten vernebelt und sie einlullt.

Ein Auge riskieren

Wer ein Auge riskiert, der interessiert sich für eine Person oder eine Sache. Er schaut sich unter Umständen etwas näher an, das eigentlich nicht erlaubt ist, und riskiert damit etwas sehr Wertvolles: ein Auge. Der Begriff geht auch auf die mittelalterlichen Burgbefestigungen zurück. In den dicken Burgmauern gab es senkrechte Öffnungen, welche oft in der Mitte zu einer Rundung aufgeweitet waren. Darin befand sich eine drehbare Holzkugel. Sie wurde Auge genannt. War dieses Holzauge geöffnet, konnte man hinaussehen; andererseits bestand so auch die Gefahr, dass der Späher von einem Pfeil oder Speer getroffen wurde. Deshalb waren diese Holzaugen – es gibt heute nur noch ganz wenige Burgen, wo man sie in restaurierter Form findet – im Normalfall geschlossen, also zur Seite gedreht. Wer nun schauen wollte, ob Feinde im Anmarsch waren, und das Holzauge zur Seite drehte und damit öffnete, der riskierte also im wahrsten Sinne des Wortes ein Auge. Übrigens: Der Ausspruch »Holzauge, sei wachsam« hat den gleichen Ursprung.

Als Ritter riskierte man immer dann ein Auge, wenn man mit offenem Visier auf den Gegner zugeritten ist. Wer sein Auge nicht riskiert hat und das Visier heruntergeklappt hat, der konnte wiederum mit der Lanze nicht richtig auf den gegnerischen Ritter zielen. Dann war die Gefahr groß, dass man vom Pferd fiel und aufgespießt wurde. Auch die Spiele waren damals kein Vergnügen.

Ein Auge zudrücken

Wer ein Auge zudrückt, der blickt nicht streng auf jemanden. Und so bedeutet »ein Auge zudrücken«, dass man Milde walten lässt und über eine eigentlich unbefriedigende Situation, die jemand verursacht hat, hinwegsieht. Auch diese Redewendung könnte auf die mittelalterlichen Holzaugen in den Befestigungsanlagen der Burgen zurückgehen. Denn wer das Auge zudrückt, also die Holzkugel in der Schießscharte zur Seite schiebt (siehe »Holzauge, sei wachsam«), dem ist die Situation, wie sie sich draußen abspielt, gegenwärtig egal.

Grosse Augen machen

Man muss sein Gegenüber nur beobachten: Erzählt man ihm etwas Erstaunliches oder etwas gänzlich Neues, so macht er – meistens – die Augen weit auf. Die Redewendung liegt diesem Verhalten zugrunde. So denkt sich mancher, na ja, der oder die wird große Augen machen, wenn ich mein neues Auto vorführe.

Jemandem gehen die Augen über

Wenn jemandem im wahrsten Sinne des Wortes die Augen überlaufen, dann ist er von einer Sache völlig überwältigt. Dies kann für ihn oder sie also sehr positiv sein. Auf der anderen Seite kann das auch bedeuten, dass jemand schockiert ist und zu weinen beginnt. So heißt es im Johannesevangelium (11, 35): »Und Jesu gingen die Augen über«, als er den toten Lazarus gesehen hat.

Vom Fleisch fallen

»Ich falle vom Fleisch!«, sagt jemand, der einen übermäßigen Hunger hat und der es schon längst für geboten hält, eine Pause zu machen, um etwas zu essen. Vom Fleisch fallen ist eine umgangssprachliche Redewendung, die für Gewichtsverlust und Abmagern steht.

Vom Scheitel bis zur Sohle

Eine Redewendung, die sich eigentlich von selbst erklärt. Vom Scheitel bis zur Sohle meint von Kopf bis Fuß und soll zum Ausdruck bringen, dass etwas ganz und gar vollständig gemeint ist. Wenn also jemand herausgeputzt um die Ecke kommt, dann sagt man auch, er ist ein Gentleman vom Scheitel bis zur Sohle. Man könnte auch sagen, da kommt ein ganz und gar perfekt gekleideter Mensch.

Eine Hand wäscht die andere

Bei verschiedenen römischen Schriftstellern wie Seneca und Petronius Arbiter ist dieses Sprichwort schon verbrieft. Damit wird zum Ausdruck gebracht, dass eine Leistung oder Gefälligkeit, welche man jemand anderem zuliebe erbringt, im Gegenzug belohnt wird. Im Lateinischen heißt es »manus manum lavat«. Ähnlich, aber mit anderen Worten, drückt es auch Goethe in dem Gedicht »Wie du mir, so ich dir« aus. Darin heißt es: »Hand wird nur von Hand gewaschen – wenn du nehmen willst, so gib.« Heute wird mit der Redewendung auch verbunden, dass es sich bei solchen Gefälligkeiten um Vetternwirtschaft und unerlaubte Gefälligkeiten (Bestechung etc.) handelt.

Etwas hat Hand und Fuss

Wenn etwas Hand und Fuß hat, dann ist es perfekt. Wie ein Mensch eben, dem auch nichts fehlt, der nicht lädiert ist und kein Gebrechen aufweist. Denn nur derjenige, der Hand und Fuß hat und nicht gebrechlich ist, kann auch die volle Leistung bringen.

Hand in Hand arbeiten

Hand in Hand heißt einfach, etwas läuft reibungslos ineinander. Das ist heute in unserem modernen Büroalltag noch so und war in früheren Zeiten, in denen noch viel mehr mit den eigenen Händen gearbeitet wurde, auch überlebensnotwendig. Denn nur, wenn man sich gegenseitig so ergänzte, dass der Arbeitslauf nicht gestört wurde, wurden Fehler vermieden. Heute spricht man auch in Betrieben oder Vereinen noch davon, dass die Dinge Hand in Hand gehen müssen, um einen reibungslosen Ablauf zu gewährleisten.

Seine Hände in den Schoss legen

Wer ein Päuschen machen will, der legt seine Hände in den Schoß und ruht sich einfach aus. Eigentlich ganz normal, denn jeder braucht von Zeit zu Zeit mal eine kleine Erholung. Mit der Bezeichnung »seine Hände in

den Schoß legen« ist aber auch gemeint, dass jemand un-
tätig rumsitzt – eben die Hände im Schoß hat – und
nichts unternimmt.

JEMANDEM EIN BEIN STELLEN

Ob beim Fußball oder im täglichen Leben: Wo jemandem ein Bein gestellt wird, beginnt derjenige zu stolpern
und kommt zu Fall. Doch beim Beinstellen muss es nicht
immer gleich so körperlich zugehen. Die Redewendung
bedeutet im übertragenen Sinn auch, dass man gegen jemanden etwas im Schilde führt und ihm schaden will.
Wer also Intrigen spinnt, tut eigentlich nichts anderes,
als jemandem ein Bein zu stellen.

JEMANDEM BEINE MACHEN

Wenn man jemandem Beine macht, dann bringt man ihn
dazu, sich endlich zu bewegen und das Ferne zu suchen,
sich also auf und davon zu machen. Beine machen heißt
aber auch, dass man Mitarbeiter und Kollegen, die vielleicht träge an die eine oder andere Sache gehen, dazu
motiviert, doch etwas schneller und präziser zu arbeiten;
man macht ihnen – mit etwas Nachdruck – Beine und
bringt sie in Gang.

Sich die Beine ablaufen

Wenn man in früheren Zeiten etwas bewegen wollte, etwa beim Dorfschultheiß oder beim Amt, dann musste man dort oft vorsprechen und dort hinlaufen. Voller Körpereinsatz war also stets gefragt, und so kam sicherlich oft der Seufzer: »Ich habe mir die Beine immer wieder abgelaufen.« Das tut man sinnbildlich noch heute, wenngleich man einer Sache mit Hilfe von Besprechungen, Konferenzen, Telefonaten und E-Mail-Bombardements vom Schreibtisch aus hinterher ist.

Seine Beine unter den Arm nehmen

Wer etwas ganz schnell erledigen will, der nimmt die Beine unter den Arm: Das heißt, er springt eilig davon. Wenn man heute die Beine unter den Arm nimmt, braucht man nicht gleich wegzuspringen. Der Ausdruck bedeutet einfach, dass man eine Sache zielgerichtet und schnell erledigt. Die Redewendung steht aber auch für in Eile sein und in letzter Sekunde noch etwas erreichen, wie etwa Straßenbahn oder Flugzeug.

Wenn jemand über seine Verhältnisse lebt; lebt er auf
großem Fuß. Das heißt, er leistet sich einen Lebensstan-
dard, den er sich eigentlich gar nicht finanzieren kann.
Auf großem Fuß steht dabei für die ehemalige Bedeutung von »Grundlage« – eine solide Basis ist dagegen
den Verhältnissen angepasst.

Den Kanal voll haben

Wer den Kanal voll hat, der hat schlichtweg zu viel getrunken. Aber welcher Kanal ist eigentlich gemeint?
Ganz einfach: der Verdauungskanal. Ist der voll, hat
man keinen Platz mehr für ein weiteres Gläschen und ist
kurz davor, sich erbrechen zu müssen. Manche Zecher
betrinken sich auch vorsätzlich und sagen dann: »Heute
lasse ich mir den Kanal volllaufen«, ohne eigentlich an
ihr Gedärm, das gemeint ist, zu denken.

Adonis

Als Adonis bezeichnet man oft junge, körperlich gutge-
baute Männer oder solche, die sich für besonders attrak-
tiv halten. Adonis war in der griechischen Mythologie
eine Symbolgestalt, die von der Schönheitsgöttin Aphro-
dite geliebt wurde. Der Jüngling kam bei der Jagd ums

Leben. Es wird vermutet, dass Adonis letztlich für einen aus dem Orient (Phönizien) stammenden Fruchtbarkeitsgott steht, welcher die immer wieder neu sich entfaltende Vegetation im Frühling repräsentierte. Adonis heißt im Phönizischen »Herr«.

DIE NASE VORN HABEN

Diese sehr gebräuchliche Redewendung, welche dafür steht, dass jemand wieder einmal ganz weit vorn ist und Situationen frühzeitig erkannt hat, geht auf den Pferdesport zurück. Dort sagt man auch, dass ein Tier »mit einer Nasenlänge gewinnt«, also knapp durchs Ziel läuft und den Sieg nach Hause trägt. Heute haben auch Fußballspieler, selbst wenn sie ihre Tore mit dem Fuß oder mit dem Kopf erzielen, wenn sie gut sind und auf dem ersten Platz der Tabelle stehen, ganz einfach die Nase vorn.

4. Kapitel
Aus Justiz und Recht

Juristen und Beamte sprechen vielfach schon von Amts wegen eine eigene Sprache. Und das seit Jahrhunderten. Bei ihnen wurde früher der Füller zum Schreibgerät und noch heute eine Frau zur weiblichen Person und ein junger Mann zum Heranwachsenden. Allerdings muss er dann über achtzehn, darf aber noch keine einundzwanzig Jahre alt sein! Richter unterscheiden heute sehr präzise zwischen dem Beschuldigten, dem Angeschuldigten und dem Angeklagten. Gegen den Ersten wird noch ermittelt, der Zweite ist bereits angeklagt, und gegen den Dritten ist das Verfahren eröffnet. Da soll sich einer auskennen?

Kommen die Redewendungen gar aus einer längst vergangenen Zeit, bleibt uns der Ursprung erst recht verborgen: Da flattern blaue Briefe ins Haus, etwas ist recht und billig, und der Stab wird über jemandem gebrochen. Wörtlich bedeutet Bürokratie übrigens »Herrschaft des Schreibtisches«. Es ist ein Kunstwort aus dem französischen »bureau« für Schreibtisch und dem griechischen »kratos« für Herrschaft.

Übrigens: Stirbt ein Dienstreisender während der Dienst-

reise, gilt die Dienstreise als beendet (Landesreisekosten-
gesetz NRW). Tja, darauf muss ein Normalbürger erst
mal kommen ...!

* * *

In Bausch und Bogen

Es ging um Grundstücksgrenzen, wenn im 18. Jahrhundert von Bausch und Bogen die Rede war. Während der
Bogen eine nach innen weisende Kurve bezeichnete, war
der Bausch das nach außen gerichtete Gegenstück. Bei
der amtlichen Berechnung des Preises beim Verkauf von
Grundstücken spielten Bausch und Bogen also eine
große Rolle. Wer alles verkauft hat, hielt sich nicht mit
Kleinigkeiten auf. Übrigens: Aus dem Wort »Bausch«
wurde irgendwann »pauschal«, was so viel wie »ohne
Details« bedeutet. Wird jemand heute in Bausch und
Bogen verurteilt, achtet niemand auf wichtige Details.

Blauer Brief

Kommt ein blauer Brief, ist die Versetzung gefährdet,
oder der Schüler hat irgendetwas ausgefressen. Auf jeden Fall droht Ärger! Amtliche Schriftstücke wurden
früher in blauen Umschlägen verschickt. Daher der
Name »blauer Brief«. Die Farbe der Umschläge ist eine

Erfindung der straff durchorganisierten Bürokratie Preußens. Darin verschickte die Armee Briefe an Offiziere. Meist ging es in der Post um den Abschied aus dem militärischen Dienst.

Ins Gehege kommen

Wer im 16. Jahrhundert einen Zaun gezogen hat, legte damit ein »Gehege« an und kennzeichnete so seinen Besitz. Kommt man anderen Menschen heute ins Gehege, überschreitet man ebenfalls Grenzen. Deshalb wird die Redensart meistens mit einer Entschuldigung kombiniert: »Tut mir leid – ich will dir nicht ins Gehege kommen.« Das passiert immer dann, wenn jemand beruflich seine Kompetenz überschreitet oder in mitmenschlichen Beziehungsgefügen wildert. Generell gilt: besser raushalten aus dem Gehege der anderen.

Geldschneiderei

Wenn es ums Geld geht, ist seit jeher Vorsicht geboten. Wer einem Geldschneider aufgesessen ist, hat kräftig draufgezahlt. Auch früher lauerten überall Betrüger. Bevor im 18. Jahrhundert für Münzen festgelegte Gewichte vorgeschrieben waren, schnitten und feilten Geldfälscher an den Rändern der Taler herum, um so an Abschnitte von wertvollem Gold, Silber oder Kupfer zu gelangen.

Als die Kaufleute die Münzen später exakt nachwiegen konnten, hatte man den Geldschneidern das Handwerk gelegt.

Unter den Hammer kommen

Bei einer Versteigerung kann man es auch heute noch beobachten: Wird ein Geschäft bei einer Auktion abgeschlossen, fällt der Hammer, und der Meistbietende hat den Zuschlag erhalten. Auch bei Gericht hat der Hammer heute noch Bedeutung. Damit wird das Urteil gefällt. Kommt etwas unter den Hammer, ist in der Regel ein großer Verlust zu beklagen. Meist wurde das Eigentum dann unter Wert verkauft oder es wird zwangsweise versteigert.

Etwas auf dem Kerbholz haben

Verbrecher haben etwas auf dem Kerbholz. Vom kleinen Diebstahl bis hin zur Körperverletzung mit Todesfolge: Heute ist die Redewendung auf alle Vergehen anwendbar. Im frühen Mittelalter dagegen hatten nur Schuldner etwas auf dem Kerbholz. Es handelte sich wirklich um ein Stück Holz, das wie ein Vertrag als Nachweis für eine Leistung oder Schuld stand. Die Höhe der Summe war mit dem Messer eingekerbt worden. Schuldner und Gläubiger bekamen jeweils eine Hälfte·eines vorher der

Länge nach gespaltenen Kerbholzes. Die Teile und damit die Schuld konnten durch Zusammenlegen der beiden Kerben kontrolliert werden. Wie ein Schuldschein hatte dieses Stück Holz amtliche Gültigkeit.

Jemanden unter Kuratel stellen

Wenn die alten Römer Recht sprachen und jemanden unter »curatela« stellten, dann ging es um eine Pflegschaft, also eine Art Aufsicht. Im Mittelalter wurde der Begriff von der Rechtssprache übernommen. Bis heute bedeutet es so viel wie strenge Aufsicht und Kontrolle. Im juristischen Sinne ist die Person, die unter Kuratel steht, nur begrenzt geschäftsfähig und braucht einen Vormund. In manchen Gegenden nehmen auch Eltern ihre Kinder unter Kuratel. Das heißt, sie üben stärkere Kontrolle aus und passen nach Missgeschicken, die ihre Sprösslinge anstellen, auf, dass sie nicht erneut über die Stränge schlagen.

Kopf und Kragen riskieren

Beim Bungee-Sprung, an der Börse oder mit 180 Stundenkilometern auf der Autobahn kann man heute Kopf und Kragen riskieren. Auf jeden Fall begibt man sich in Gefahr. In der Rechtssprache des Mittelalters war das Urteil schon gefällt, wenn es um Kopf und Kragen ging.

Wer seinen Kopf riskiert hatte, musste ihn hinterher auf den Richtblock legen und verlor sein Leben unter dem Schwert des Scharfrichters. Das Wort »Kragen« stand für »Hals«: Der Verurteilte wurde erhängt oder geköpft.

DEN KÜRZEREN ZIEHEN

Es gibt Menschen, die ziehen immer den Kürzeren: beim Spiel oder im Leben. Beim Spiel können es heute unterschiedlich lange Streichhölzer sein. Früher nahm man dafür Grashalme. Wer den Kürzeren zog, hatte verloren. Im Mittelalter griffen auch Richter zum Losentscheid. Wer verloren hatte, musste das Ergebnis als eine Art Gottesurteil akzeptieren und hatte im Wortsinn den Kürzeren gezogen. Wie im Spiel hat er einfach Pech gehabt. Und so sagt man heute auch, es hat jemand den Kürzeren gezogen – etwa wenn er bei einer Bewerbung unterlegen ist –, auch wenn nicht gelost wurde.

GELIEFERT SEIN

Im 15. Jahrhundert sprach man von (aus)geliefert, wenn ein Täter dem Gericht übergeben wurde. Die Zeiten waren rauh, die Urteile hart. Es wurde gefoltert, um Geständnisse zu erpressen. Auch wer unschuldig war, konnte im wahrsten Sinne des Wortes »geliefert sein«. So verwendet man die Redewendung heute, wenn es keine Chance auf Besserung gibt und man einer schlimmen Situation ausgesetzt bzw. ausgeliefert ist.

Jemanden an den Pranger stellen

Ganz gleich, ob die Schuld bewiesen ist oder nicht. Heutzutage werden auch Unschuldige manchmal an den Pranger gestellt und für etwas bloßgestellt, was sie vielleicht gar nicht begangen haben. Wer im Mittelalter am Pranger stand, war übel dran. Das Opfer wurde in Eisen gelegt, an einen hölzernen Pfahl oder steinernen Pfeiler gekettet und zur Schau gestellt. Jeder durfte den Verurteilten dann bespucken, schlagen, beschimpfen und demütigen. Heute stehen die Opfer manchmal in der Presse, wenn sie am Pranger stehen. Dann können sie sich gegen die Öffentlichkeit auch nicht wehren. Ganz gleich, ob sie schuldig oder unschuldig sind.

Recht und billig

Es geht nicht um Geld und Geiz, wenn hier von billig die Rede ist. Es geht um Gerechtigkeit. Dieses »billig« aus der alten Gerichtssprache leitet sich von »Bill« ab, dem veralteten Wort für Recht. Heißt es also in Wirklichkeit »recht und recht«? So einfach ist der Ausdruck nicht zu erklären. Auch wenn es etwas verwirrend ist, in dieser Redewendung bedeutet »recht« nicht einfach

Recht, sondern »berechtigt« sein. Und damit ist eigentlich alles klar; jemand ist laut Recht (und Gesetz) zu etwas berechtigt. Ist uns heute etwas recht und billig, gibt es keine Diskussion. Es handelt sich um das mindeste, was jemandem zusteht!

Rede und Antwort stehen

Wer früher vor dem Richter aussagen musste, durfte nicht einfach auf dem Stuhl sitzen bleiben. Aussagen – ganz gleich ob vom Zeugen oder Angeklagten – mussten stehend gemacht werden. Man musste also bei »Rede und Antwort stehen«. Wer sich heute für etwas rechtfertigen muss, darf auch argumentieren und sich verteidigen. So ändern sich die Zeiten. Der Ausspruch »Jemanden zur Rede stellen« hat übrigens dieselbe Herkunft. Der Beschuldigte wurde festgenommen und vor den Richter »gestellt«. Dort musste er dann reden, und zwar die Wahrheit.

Den Stab über jemanden brechen

Der Stab als Utensil des Richters ist heute in keinem Gerichtssaal mehr zu finden. Dabei war es im Mittelalter gängiger Rechtsbrauch, den Stab zu brechen. Ohne Stab kein Todesurteil! Theatralisch brach der Richter über dem Delinquenten seinen Stab und warf dem Verurteilten dann die Reste vor die Füße. Vielleicht sollte der Stab die Macht des Richters symbolisieren? So wie ein Zepter für die Macht des Königs steht. Die Herkunft des Brauchs verliert sich im Dunkel der Zeit. Im Mittelalter sprachen Richter jedenfalls all ihre Urteile mit einem Stab in der Hand. Wer heute den Stab über jemanden bricht, hat diesen Menschen ebenfalls verurteilt. Der Ausspruch wird meistens dann benutzt, wenn das Urteil als ungerecht empfunden wird. Der Betroffene kann sich nicht wehren und ist chancenlos.

Jemandem eins auswischen

Eigentlich ist jedem klar, was »eins auswischen« bedeutet. Nämlich jemandem mal ordentlich die Meinung sagen, deutlich machen, wo es langgeht. Aber warum gerade auswischen? Es will doch niemand einen anderen abwischen oder gar putzen? Beileibe nicht. Das Ganze geht auf das frühere studentische Vokabular zurück. Und eigentlich ist damit gemeint, jemandem mit einer schnellen – nämlich wischenden – Bewegung einen Schlag zu versetzen. So etwa wie es heute noch in der einen oder anderen schlagenden Studentenverbindung in ritueller Form gemacht wird.

Entweder man hat etwas auf dem Kasten oder eben im Kasten. Letzteres deutet darauf hin, dass jemand ganz schön viel im Hirn hat, also intelligent ist. Er hat eben »etwas in seinem Kasten«. Im Mittelhochdeutschen heißt der Kopf ursprünglich »Kaste«. Daraus haben trinkfeste Studenten kurzerhand einen »Kasten« gemacht, und wer was auf dem Kasten – also im Kopf – hat, war klug und begabt!

Die Herkunft der Redewendung wird aber auch der Fotografie und dem Filmwesen zugeschrieben. Die ursprünglichen Fotoapparate waren recht einfache, viereckige Kästen. Wenn man eine Aufnahme gemacht hat, dann hatte man »das Bild im Kasten«. Diese Redewendung wurde dann auch auf das Filmgeschäft übertragen. So heißt es noch heute: »Wir mussten die Szene viermal drehen, bis wir das Ganze im Kasten hatten.«

Doch schon viel früher, bevor Foto- und Filmkamera erfunden waren, hatte man »was im Kasten«. So etwa die Fischer, welche an Seen, Weihern und Teichen ebenso wie an Bächen und Flüssen hölzerne Fischkästen installiert hatten, in denen sie ihren Fang hälterten. Auch am Bodensee, Chiemsee, an der Müritz und in anderen Gebieten gab es und gibt es noch heute Fischkästen, in denen der Fang nach Hause transportiert wird.

5. KAPITEL

Sprachrezepte aus Küche und Keller

Das Holz knackt im Kamin, draußen fallen dicke Schneeflocken, und die Gastgeberin fragt in die Runde: »Grog oder lieber Punsch?« An einem dieser wunderbaren Winterabende bei Freunden kam die Diskussion auf, und jemand fragte: »Was heißt überhaupt Punsch«? Ein Superschlauer aus der Runde tat sich sofort mit seinen Englischkenntnissen hervor und behauptete: »Das Wort kommt von ›punch‹ für ›Faustschlag‹, denn am nächsten Morgen spürt man die Wirkung des heißen Alkoholcocktails im Kopf – wie nach einem Faustschlag von einem der Klitschko-Brüder aufs Oberstübchen eben …!«

Der kluge Witzbold hat jedoch nur zur Hälfte recht. Mit den englischen Seefahrern reiste der Punsch Ende des 17. Jahrhunderts aus Indien in europäische Gefilde. Doch das Wort hat mit dem Rezept für »punch« und nichts mit dem Faustschlag zu tun. Im Sanskrit heißt die Zahl fünf »pantschan«, in Hindi »panc« (was wie punch ausgesprochen wird). Fünf Zutaten gehören laut Originalrezept aus dem Jahr 1638 ins Glas: Arrak, Wasser, Gewürze, Zucker und Zitronensaft. Die Engländer machten aus dem Hindi-Wort und dem ortsüblichen Gesöff ihren »punch«, ersetzten Arrak durch Rum, Wasser durch Tee, und so wurde das indische Mixgetränk daheim auf ihrer sturmumtosten, oft nebligen Insel beliebt.

»Grog« dagegen ist ein gepanschter – nicht »gepunschter« – Matrosentrunk. Der Begriff geht auf die Crew von Admiral Edward Vernon (1684–1757) zurück. Sie nannten ihren Boss »Old Grog«, weil er an Bord Tag und Nacht einen strapazierfähigen Mantel aus besonders grober Schafswolle trug. Dieser spezielle Stoff wurde in England «grogram» genannt. Doch wie kommt jetzt der verdünnte Rum zu dem Spitznamen des Admirals? Das hängt mit der Trunksucht der Matrosen zusammen. Admiral Vernon ordnete wegen der ständigen Raufereien an Bord an, die Rumration der Crew zur Hälfte mit Wasser zu verdünnen. Auf den Abenteuertouren durch die Karibik lernten die Raufbolde, mit Zuckerrohr die Wirkung des Alkohols zu verstärken: Der klassische »Grog« war erfunden.

* * *

KETCHUP: DIE SAUCE DER SEEFAHRER

Wer glaubt, Ketchup sei neben Kaugummi und Coca-Cola eine Erfindung der Amis, irrt gewaltig. Das rote Sößchen hieß ursprünglich »ketsiap« und wurde im 17. Jahrhundert in China zu Fisch und Geflügel gereicht. Die Zutaten bestanden damals aus Öl, Pfeffer, Essig und einer Paste aus getrockneten Sardellen. Und wieder waren es englische Seefahrer, die »ketsiap« mit heim nach Großbritannien brachten. Dort wurde die Sauce kurzerhand in »Ketchup« umgetauft und gehört seit dem 18. Jahrhundert in jede britische Küche, die etwas auf sich hält. Erst in Amerika kamen letztendlich reife Tomaten ins Sößchen. Das erste Rezept für »tomato ketchup« gab es 1792. Ein deutscher Auswanderer aus der Pfalz, nämlich ein Herr Heinz, machte daraus das berühmteste Ketchup der Welt und seine Familie und Nachfahren zu reichen Leuten.

MARGARINE, EINE PERLE FÜRS MILITÄR

Das ausgehende 19. Jahrhundert war eine magere Zeit: Die »gute« Butter war knapp, das Volk hungerte. Auch die Armee in Frankreich musste darben und war mit wertvollem Fett unterversorgt. Deshalb rief Kaiser Napoléon III. einen W(F)ettbewerb aus. Die schier unlösbare Aufgabe lautete: billiges Fett für das Fußvolk der Armee zu produzieren. Der Kaiser versprach, wer ein Kunstfett erfände, das als Butterersatz dient, der bekäme 15 000 Gold-Franc für die »beurre artificiel«, die künstliche Butter. Die Sparbutter sollte satt machen, vor allem aber billig herzustellen sein. Der Franzose Hippolyte Mège-Mouriès experimentierte mit Rindertalg, Milch, Wasser und zerkleinertem Kuheuter. Er erhitzte die ölige Masse, verarbeitete sie mit Magermilch und erhielt irgendwann ein schimmerndes Fett, das er wegen des perligen Farbtons »Margaron« nannte – das griechische

Wort für »Perle«. Im Juli 1869 ließ der Margarine-Mann seine Erfindung patentieren. Er gewann den W(F)ettbewerb, und schon ein halbes Jahr später wurden in Paris die ersten Päckchen mit Margarine verkauft. 1910 warb Sanella für die »erste Pflanzenbutter-Margarine«, 1924 kam »Rahma – die Buttergleiche« – auf den Frühstückstisch. Später musste per Gerichtsbeschluss das »h« aus dem Namen gestrichen werden, weil es an »Rahm« erinnert. Und das sollte der einzig wahren Butter vorbehalten bleiben.

CHAMPAGNER:
DAS GETRÄNK DER WITWEN UND MÖNCHE

Der Mönch:
Es muss nicht immer Kaviar sein – aber ein Gläschen Champagner? Wer kann da schon nein sagen?! Kein Getränk klingt luxuriöser. Champagner steht für frivole Verschwendung, höfische Eleganz, prickelnde Partylaune, Glamour und die Leichtigkeit des Seins. Kaum jemand bringt das Luxusgesöff mit einem der Armut verpflichteten Benediktinermönch in Verbindung, wenn er ein Gläschen Dom Pérignon bestellt. Doch Pierre Pérignon gilt als Erfinder des fein perlenden Tröpfchens. 1638 geboren, trat er schon mit 19 Jahren in den Orden des Benediktinerklosters von Saint-Vannes ein. Dort soll er die »Méthode champenoise« erfunden haben, indem er Korken und Rüttelpult im Weinkeller eingeführt hatte. Legende oder clevere Werbestrategie des Cham-

pagner-Hauses Moët & Chandon? Seit 1936 jedenfalls ziert der Mönch die Flasche des Prestige-Cuvée Dom Pérignon. Wahr ist: Ein Mönch namens Pierre Pérignon hat bis zu seinem Tode 1715 den Weinverkauf der Benediktinerabtei zu flüssigem Gold gemacht.

Die Witwe:
Als Monsieur Clicquot 1805 verstarb, war Madame mit 27 Jahren plötzlich und unerwartet »Veuve«: Die junge Witwe des Weinbergbesitzers François Clicquot übernahm sofort sehr entschlossen das Champagner-Haus, das ihr verblichener Gatte 1772 gegründet hatte. Statt sich brav zurückzuziehen – wie man es damals von hochwohlgeborenen Witwen erwartete –, verwandelte sich Madame in eine knallharte Geschäftsfrau. Zunächst setzte sie den störenden Schwiegervater vor die Tür, dann erfand sie (und nicht etwa der Mönch namens Pierre Pérignon) 1815 das Rüttelpult und zog schließlich sogar mit einer Ladung Champagner in den Krieg. Couragiert ließ die französische Witwe die Segel setzen und durchbrach mit ihrem Schiff »Le Gebroders« die britische Seeblockade, um Champagner nach Russland zu liefern! Chapeau! Natürlich hatte sie dem Champagner-Haus längst ihren Namen aufgedrückt: »Veuve Clicquot Ponsarin«. Die Unternehmerin führte das Haus durch unruhige Zeiten: Die Napoleonischen Kriege tobten – und ganz Russland trank ihren perlenden Witwen-Wein. Mutig und skandalös zugleich. Um Plünderungen zu verhindern, mauerte die Veuve ihre Kelleranlagen zeitweise kurzerhand zu. Als sie 1866 mit 89 Jahren starb, hatte ihr Champagner längst Königshöfe und Paläste erobert.

Vielleicht kam das Mixgetränk – der Cocktail – in einer Spelunke irgendwo am Anfang des 19. Jahrhunderts in den Südstaaten Amerikas zu seinem Namen. Dort waren blutige Hahnenkämpfe, die Cockfights, ein beliebtes Wett- und Wochenendvergnügen. Der Gewinner durfte dem toten Hahn des Gegners die Schwanzfedern ausreißen und bekam in der Taverne nebenan ein hochprozentiges Mixgetränk, wenn er die blutige Trophäe, die Hahnen-Schwanzfedern (Cock's tail), vorzeigte.

Oder brachten französische Adelige, die nach Amerika ausgewandert waren, den Begriff »Cocktail« in die Neue Welt? In den Schlössern der alten Heimat trank der Adel nämlich exotische Alkoholmixturen aus hauchdünnen, kleinen Glasschalen, den »Coquetels« (»coque« ist das französische Wort für Schale). Hahnenkampf oder High Society? Der Cocktail ist zum Inbegriff für alkoholische Mixgetränke geworden.

HEISSER HUND

Der Hot Dog mag ein uramerikanischer Fastfood-Snack sein, aber der »heiße Hund« blickt auf einen deutschen Stammbaum zurück. Einwanderer aus Frankfurt brachten im 19. Jahrhundert auch ihre geliebten Frankfurter Würstchen mit in die neue Heimat jenseits des Atlantiks. Der länglichen Form, der braunen Farbe und der deutschen Herkunft wegen machten die Amerikaner aus den »Frankfurtern« schnell »Dackel-Würstchen«. In

New York kamen die Würstchenverkäufer schließlich auf die Idee, die Wurst ins Brötchen zu packen und mit scharfem Senf (»hot« ist das englische Wort für »scharf«) zu bestreichen. Außerdem wurden die Würstchen heiß – was auch »hot« heißt – serviert. So wurde aus einem kleinen Würstchen ein heißer Hund.

SEINEN SENF DAZUGEBEN

Geschwätzige Menschen, die immer und überall ihre Meinung äußern, »geben ihren Senf dazu«. Der Spruch kommt aus dem Mittelalter, einer Zeit, in der exotische Gewürze wie Pfeffer und Muskat unerschwinglich waren. Um Fleisch und Eintöpfe zu verfeinern, Lebensmittel zu konservieren und herzhaften Speisen eine würzige Note zu verleihen, hat man »überall seinen Senf hinzugetan«. Senf galt damals nicht nur als Gewürz, sondern wurde auch als Heilmittel eingesetzt. Schon in der Antike hatten Ärzte herausgefunden, dass Senf den Verdauungsprozess fördert und Senfwickel sogar äußerlich angewandt gegen Entzündungen wirken. Das Wort »Mostrich« für Senf leitet sich vom Most ab, der statt Essig bei der Senfherstellung verwendet wird. Die Senfpflanze ist ein Kräutergewächs, das bis zu zwei Meter hoch wird und sehr genügsam ist. Die Senfkörner reifen in Schoten und sind die Samen dieser Pflanze. In der Bibel gibt sogar Matthäus in einem Gleichnis im Evangelium seinen Senf dazu: Jesus vergleicht darin das Himmelreich mit einem Senfkorn.

Gottfried von Bouillon war ein kriegerischer Graf in den Ardennen. Er lebte gegen Ende des 11. Jahrhunderts und gab der kräftigen Fleischbrühe seinen Namen. Er wollte mit der fetten Brühe seine Soldaten kräftigen, damit sie sich an der Front tapfer gegen ihre Feinde schlagen konnten und nicht schlappmachten. Heute werden in Deutschland über 500 Millionen Bouillonwürfel in einem Jahr verkauft. Dass sein Name eines Tages auf einem Suppenwürfel stehen würde, hätte der Kriegsheld sicher nicht besonders witzig gefunden.

Julius Maggi hingegen wäre bestimmt stolz, wenn er wüsste, dass sein Name bis heute mit Suppen, Soßen und allerlei Fertiggerichten in Verbindung gebracht wird. Der gebürtige Schweizer kam als Sohn eines Mühlenbesitzers zur Welt. Er erfand den Brühwürfel und stellte aus Erbsen- und Bohnenmehl die erste kochfertige Suppe her. 1908 kam der berühmte Maggiwürfel erstmals auf den Markt. Mit seiner Erfindung revolutionierte Mister Maggi die industrielle Lebensmittelherstellung. Julius Maggi wurde nur 66 Jahre alt. Übrigens: Sogar die Gewürzpflanze Liebstöckel wird als »Maggi-Kraut« bezeichnet, weil sie im Geschmack der Flüssigwürze nicht unähnlich ist.

Wo liegt die Bananenrepublik?

Läuft etwas schief mit Staat und Regierung, sind Politiker korrupt und machtgeil, wird die Wahrheit verschleiert und das Volk belogen, dann ist schnell von der »Bananenrepublik« die Rede. Doch was haben die gelben Früchte mit schlechter Staatsführung zu tun? Der Begriff entstand in den 1950er Jahren in Costa Rica und anderen Ländern Zentralamerikas, in denen bis heute wirklich die meisten Bananen für den Weltmarkt wachsen. Diese Länder lebten ausschließlich vom Export des Agrarprodukts Bananen und waren abhängig von multinationalen Fruchtkonzernen, die große Teile der Staatsfläche besaßen oder kontrollierten. Unternehmen wie die »United Fruit Companys« (heute »Chiquita Brands International«) nahmen noch bis in die siebziger Jahre des vorigen Jahrhunderts massiv Einfluss auf die Politik und die Regierungen in Zentralamerika. Die regierenden Politiker ließen sich von den großen Unternehmen schmieren. Wähler hatten in der »Bananenrepublik« wenig zu melden, Menschenrechte wurden häufig verletzt.

Das Wort »Banane« kommt übrigens vom arabischen Wort »banan«, was »Finger« bedeutet. Und warum ist die Banane krumm? Sie wächst aus einer violetten Blüte zunächst an der Staude Richtung Boden. Doch sobald sie unter den Deckblättern hervorlugen kann, wächst die Frucht der Sonne entgegen. Dabei krümmt sie sich.

Honig heilt und macht schön. Die alten Germanen zogen mit Honig in die Schlacht, um anschließend ihre Kriegswunden mit dem klebrigen Saft zu behandeln. Denn die dickflüssige bernsteinfarbene Köstlichkeit verhindert wegen des hohen Zuckergehalts das Wachstum von Bakterien und absorbiert Wundwasser. Honig wurde in früheren Zeiten auch zur Konservierung von Leichen genutzt. Als Alexander der Große 323 v. Chr. unerwartet starb, wurden seine sterblichen Überreste in Honig eingelegt, um den Verwesungsprozess zu verzögern. Zur Zeit der ägyptischen Pharaonen war Honig »die Speise der Götter«. Man verwendete Honig auch als Opfergabe, die Bienen galten als heilige Tiere. Wie wichtig die emsigen Insekten sind, weiß man erst heute: Ohne ihre sprichwörtlich »bienenfleißige Arbeit« gäbe es weder Obst noch Blumen, denn die emsigen »Arbeitsbienen« bestäuben bei der Suche nach Nektar so ganz nebenbei Bäume, Sträucher und Pflanzen. Die Mayas in Mittelamerika mixten aus Honig ihren Zaubertrank für Zeremonien, die Germanen brauten Met zur Stärkung, und die Menschen im Mittelalter schmierten Neugeborenen Honig um den Mund. Man glaubte, die Götterspeise macht aus den kleinen Schreihälsen später Menschen, die sich der Wahrheit verpflichtet fühlen. In erster Linie wird der süße Saft die Babys beruhigt haben. Wem man heute Honig um den Mund schmiert, dem wird kräftig geschmeichelt. Meist geschieht das mit Hintergedanken und ohne dass der »Beschmierte« all das Lob wirklich verdient hätte.

Auf einem Bauernhof im Norden Schwedens wurde bereits vor gut 500 Jahren das erste Knäckebrot gebacken. Beim Backen wurde dem Fladenbrot so viel Wasser wie möglich entzogen, um es für den langen Winter im hohen Norden haltbar zu machen. Dann wurde das Brot durch ein Loch in der Mitte des Laibes auf eine Stange gezogen und in den Häusern unter die Decke gehängt. Die Fladen waren so groß wie Wagenräder. Man brach sein Stück von der Stange ab: »knäcka« ist das schwedische Wort für »abbrechen«.

Ein Schwedenkönig namens Gustav, der im 15. Jahrhundert lebte, wurde auch »der Roggenkönig« genannt. Roggen war damals so wertvoll wie bares Geld. Seine Steuereintreiber kassierten überall im Land das Getreide für die Staatskasse ein. Der König hieß mit Familiennamen übrigens »Vasa«, was so viel wie Ähre bedeutet.

Im Winterfeldzug 1709 erfand ein Feldkoch aus der Not heraus sogar ein neues Backverfahren, weil ihm in den Kriegswirren die Hefe ausgegangen war. Er stellte den Teig ohne das Treibmittel nachts einfach vor sein Zelt. In bitterkalter Nacht fegte ein eisiger Schneesturm über das Lager und durch den Teig. Weil die Soldaten am nächsten Morgen hungrig waren, nahm der Feldkoch schließlich den eiskalten Teig, um ihn im offenen Feuer zu backen. Wider Erwarten schmeckten die Brote großartig: Damit waren die sogenannten Kaltbrote erfunden. Sie sind dünn und mürbe. Noch heute wird bei dem industriellen Backprozess, um den Effekt zu erzielen, in den auf null Grad heruntergekühlten Teig kalte Luft geschlagen.

XOCOATL, PRASLINE UND EIN ERFINDER
NAMENS MARS

Wenn der Aztekenherrscher Montezuma nach »Xocoatl« verlangte, bestellte er bei seinem Diener wörtlich übersetzt »herbes Wasser« und bekam einen Becher serviert, aus dem er einen dickflüssigen Trunk aus Kakao, mit Vanille, Honig und Chili vermischt, schlürfte. Der trinkbare Vorläufer unserer Schokolade wurde angeblich auch Kolumbus angeboten, der die Kakaobohnen für tropische Mandeln hielt und wenig begeistert war. Bei den Indianern hingegen waren die Bohnen heißbegehrt und auch als Zahlungsmittel im Umlauf. Für hundert Bohnen konnte man einen Sklaven kaufen. In Europa war Schokolade bis zum Anfang des 19. Jahrhunderts den Schönen und Reichen bei Hofe vorbehalten und für einfache Leute ein unerschwingliches Luxusgut. Kakaopulver wurde zu Höchstpreisen in kleinen Mengen in der Apotheke als Heil- und Stärkungsmittel verkauft. Der Adel hingegen experimentierte mit dem exotischen Genussmittel, um mit ausgefallenen Köstlichkeiten die Tafel für erlesene Gäste zu bereichern. So hat der Küchenchef des französischen Marschalls Herzog Choiseul du Plessis-Praslin irgendwann Ende des 17. Jahrhunderts Mandeln mit Schokolade übergossen. Er nannte seine Erfindung nach seinem Arbeitgeber »Prasline« – daraus wurde später das Wort Praline. Was früher ein fürstliches Vergnügen war, ist heute für jedermann selbstverständlich. Über 110 000 Tonnen Pralinen werden pro Jahr in Deutschland verzehrt.
Gleich hinter Pralinen und Tafelschokolade hat sich der

Riegel durchgesetzt. Etwa 40 unterschiedliche Riegel werden angeboten, doch Mars ist der in Europa am meisten verkaufte Schokoriegel. Seit 1961 macht »Mars mobil« (so verspricht die Werbung). Den Namen verdankt der Klassiker aus Candy-Creme und Karamel nicht etwa dem roten Planeten, sondern seinem Erfinder, dem Amerikaner Frank C. Mars, der in den 1920er Jahren den ersten Riegel herstellte und ihm seinen Namen gab.

Geh dahin, wo der Pfeffer wächst

Verschwinde! Geh ganz, ganz weit weg – eben dahin, wo der Pfeffer wächst. Gemeint ist das klassische Pfefferland Indien. Früher mussten die Menschen sehr weit reisen und jede Menge Abenteuer bestehen, um an exotische Gewürze wie Pfeffer zu kommen. Als der Portugiese Vasco da Gama 1498 mit Pfeffer, Zimt und Ingwer in seine Heimat zurückkehrte, wurde er als Held gefeiert. Er hatte den Seeweg nach Indien entdeckt und brachte die wertvollen Gewürze auf seinem Schiff ins Abendland. Tropische Gewürze waren im Mittelalter ein unbezahlbares Luxusgut. Wer damit Handel trieb, konnte schnell unermessliche Reichtümer erwerben. Die Hamburger Kaufleute, die als Gewürzhändler in kurzer Zeit sehr reich geworden waren, nannte man deshalb »Pfeffersäcke«. Pfeffer war ein begehrtes Gewürz: Es hieß, Pfeffer wirkte sogar gegen Pest. Auch anderen seltenen Gewürzen wurden Zauberkräfte zugeschrieben:

So sollte Muskat gegen Teufelszauber und den bösen Blick wirken, Nelken wurden als Aphrodisiakum verwandt. Doch das Geschäft mit den Gewürzen war nicht ungefährlich. Jahrhundertelang führten die sogenannten Entdeckernationen Holland, Spanien, Portugal, Frankreich und England erbitterte Gewürzkriege um Handelsmonopole und ihre Kolonien. Erst Ende des 19. Jahrhunderts lösten sich die Konflikte auf.

Der Begriff »Pfefferkuchen« für das typische Weihnachtsgebäck basiert übrigens nicht auf dem Gewürzpfeffer: Er steht als Synonym für all die exotischen, kostbaren Gewürze, die schon im Mittelalter in Lebkuchen verbacken wurden. Auch Zucker war bis ins 18. Jahrhundert ein Luxusgut.

Hier geht es um die Wurst

Wer lässt sich schon gern die Wurst vom Brot nehmen? Wenn es um die Wurst geht, verstehen wir keinen Spaß. Für ein Stück Wurst muss man sich schon etwas anstrengen. Früher wurde auf dem Land kräftig gefeiert. Am Ende der Spiele und Volksbelustigungen gab es weder Orden noch Ehrenmedaillen, sondern oft nur eine Wurst als Trophäe! Für den Sieger war es im Wettkampf im wahrsten Wortsinn um die Wurst gegangen. Bei dörflichen Schlachtfesten hingegen waren die Geschenkrituale eher eintönig: Man schenkte eine Wurst und bekam eine Wurst geschenkt. König Friedrich Wilhelm IV. von Preußen allerdings hat seine Dankeswürste versilbert.

Er schenkte einer märkischen Gräfin als Dankeschön für »die gute Hausmacher« ein mit Edelsteinen besetztes Collier aus Würsten. Es trug die Widmung: »Wurst wider Wurst«. Hatte die edle Dame etwa mit der Wurst nach dem Schinken geworfen? Jedenfalls hat sie, wie das Sprichwort sagt, mit relativ kleinem Einsatz einen großen Wurf gelandet. Und im Schlager hat alles ein Ende – »nur die Wurst hat zwei«. Wie wahr.

6. KAPITEL

Wie Literatur und Musik die Sprache prägen

Haben berühmte Dichter, Denker und Komponisten Redewendungen aus dem Volk aufgegriffen und in ihre Werke integriert? Oder haben sie so manchen Spruch, der uns heute leicht über die Lippen kommt und von dem uns oftmals nicht bekannt ist, wer ihn letztlich geprägt hat, selbst erfunden? Beides wird wohl der Fall sein. Literaten und Musiker haben die Lebensweisheiten, Sinnsprüche und andere uns heute geläufige Redewendungen geprägt und durch ihr Schaffen verewigt und so für kommende Generationen aufbewahrt.

* * *

JEMANDEM DIE GRETCHENFRAGE STELLEN

Stellt man jemandem die Gretchenfrage, geht es in gewisser Weise ums Eingemachte. Man will eine Sache klären, will eine Entscheidung herbeiführen. Letztlich geht es also darum, in einer schwierigen und undurchsichtigen

Situation eine wesentliche Frage zu klären. Die Redewendung geht auf Goethes »Faust« zurück. Dort fragt
das Gretchen den Faust: »Nun sag, wie hast du's mit der
Religion?« (Goethe, Faust I, Marthens Garten) Wenn
man also die Gretchenfrage stellt, kommt man auf ein
heikles Thema zu sprechen und fordert vom Gesprächs-
partner eine klare und ehrliche Antwort.

WARUM DENN IN DIE FERNE SCHWEIFEN?
SIEH, DAS GUTE LIEGT SO NAH.

Nein, es geht nicht darum, dass wir in Zeiten des Klima-
wandels nicht mehr in ferne Länder reisen sollten, weil
es auch zu Hause schöne Landschaften gibt. Immerhin
sind die Menschen vieler Regionen auf den Tourismus
angewiesen. Und doch wurde die Redewendung Leuten
gegenüber gebraucht, die meinten, woanders sei alles
besser, sei alles schöner und man könne nur in einer anderen Gegend leichter sein Glück finden. Für manche ist
der Ausdruck aber auch bis zum heutigen Tag ein Trost
dafür, dass man es nicht geschafft hat, andere Länder
kennenzulernen, weil man es sich entweder nicht leisten
konnte oder weil man einfach nicht den Mut aufgebracht
hat, »in die Ferne zu schweifen«.
Doch die Redewendung hat nicht nur mit dem Verreisen
zu tun. Sie wird auch auf Leute angewandt, die naheliegende Lösungen für Aufgaben oder Probleme nicht
erkennen und stattdessen umständlich nach Auswegen
suchen. So mancher, der sich etwa in einem Betrieb

davon blenden lässt, teure Beratung von außen einzukaufen, nur weil dies gerade Mode ist, und zu bequem ist, das eigene Gehirn einzuschalten, könnte sich zunächst einmal umsehen und die Potenziale der Mitarbeiter – also das Naheliegende – nutzen und erkennen.

Insoweit ist die Redewendung also auch eine Mahnung, die halb scherzhaft vorgebracht wird. Sie mag vielleicht schon sehr alt sein; dennoch wird sie Goethe zugeschrieben. In seinem Vierzeiler »Erinnerung« – der auch als Ermahnung zu verstehen ist – heißt es: »Willst du immer weiterschweifen? / Sieh, das Gute liegt so nah. / Lerne nur das Glück ergreifen. / Denn das Glück ist immer da.«

DAS WANDERN
IST DES MÜLLERS LUST

Wandern ist in. Und es gibt vielerlei Formen des Wanderns. Die einen joggen, die anderen machen längere Spaziergänge oder längere Wanderungen, und wieder andere lieben es amerikanisch und nennen dies Hiking. Dann kommt noch das mittlerweile als Nordic Walking bezeichnete Wandern mit Stöcken dazu, um das sich inzwischen eine richtige Industrie entwickelt hat.

Wenn alle Welt wandert, warum soll es nur für den Müller eine Lust sein? Und wo eigentlich sind die ganzen Müller geblieben? Wir bekommen zwar auch heute unser Brot, unsere Brötchen, unsere Brezeln und andere Backwaren und wissen, dass das Mehl dafür irgendwo gemahlen werden muss, aber klassische Mühlen kennen wir heute nicht mehr. Ja, und echte Müller eigentlich auch nicht. Wir kennen nur Leute, die Müller heißen, aber nicht mehr solche, die den gleichnamigen Beruf ausüben.

Vielleicht waren es aber in früheren Zeiten die Müller, die mehr gewandert sind als andere. Aber nicht etwa zum Freizeitvergnügen oder um schöne Landschaften zu entdecken, sondern einfach, um Arbeit zu finden. Die Müller zogen von einer Stelle zur anderen, um ihr Brot zu verdienen. Und so wird ja der Ausdruck auch heute noch für Leute angewandt, die es nicht lange in einer Stellung aushalten und die häufig ihren Arbeitsplatz wechseln.

Daneben ist der Begriff im Volkslied noch immer Ausdruck für Freude und Bewegung in der freien Natur. Und so beginnt auch das bekannte Volkslied »Wanderschaft« mit den Worten: »Das Wandern ist des Müllers Lust.« Es entstammt dem Liederzyklus »Die schöne Müllerin«, welcher vom deutschen Dichter Wilhelm Müller (1794–1827) verfasst wurde. Vertont hat den Liederzyklus übrigens Franz Schubert (1797–1828).

I.

Das Wandern ist des Müllers Lust
Das Wandern
Das muss ein schlechter Müller sein
Dem niemals fiel das Wandern ein
Das Wandern

II.

Vom Wasser haben wir's gelernt
Vom Wasser
Das hat nicht Ruh' bei Tag und Nacht
Ist stets auf Wanderschaft bedacht
Das Wasser

III.

Das sehn wir auch den Rädern an
Den Rädern
Die gar nicht gerne stille stehn
und sich bei Tag nicht müde drehn
Die Räder

DIE GEISTER, DIE ICH RIEF

Mit diesem Satz werden Situationen beschrieben, die man zwar selbst herbeigeführt hat, aber deren Folgen man nicht mehr ändern bzw. beherrschen kann. Ursprünglich hieß die Redewendung: »Die ich rief, die Geister« und entstammt dem »Zauberlehrling« von Goethe. Am Ende seiner Ballade wird nämlich dem Zauberlehrling klar, dass er die von ihm selbst herbeigezauberten Geister nicht mehr kontrollieren kann und sie Aktivitäten entfalten, die er nicht wollte. Weil ihm aber die Zauberformel nicht einfällt, mit der er das bunte Treiben beenden könnte, seufzt der Zauberlehrling: »Die ich rief, die Geister, werd ich nun nicht los.«

So bezeichnen wir so manchen Menschen, der etwas skurril oder armselig daherkommt. Zurück geht die Redewendung auf den spanischen Schriftsteller Miguel de Cervantes y Saavedra (1547–1616), der Don Quijote den Beinamen »Ritter von der traurigen Gestalt« gab. Wer gegen Windmühlen kämpft, ist wahrhaft seltsam.

JEMANDEN ÜBER DEN GRÜNEN KLEE LOBEN

Zur Herkunft des Wortes Klee gibt es viele Deutungen: Es geht einerseits auf das mittelhochdeutsche »klé« und das althochdeutsche »kleo« zurück. Eine Erklärung besagt, dass das Wort auf »gloi« zurückgeführt werden kann, was so viel heißt wie »glänzen«. Lobt man jemanden also über den grünen Klee, so ist es jemand, der eine besondere Wirkung entfaltet und besonders hervorzuheben ist. Er steht also glänzend da. Die Redewendung »über den grünen Klee loben« benutzte schon Walther von der Vogelweide (1170–1230).

SCHWAMM DRÜBER

Wenn man an einer Tafel, die mit Kreide beschrieben ist, den nassen Schwamm ansetzt und drüberfährt, bleibt kein Wort übrig. Schwamm drüber bedeutet also eigentlich, es soll eine Sache vergessen sein; es wird nicht mehr darüber geredet. Probleme? Aus, weg damit, Schwamm drüber eben! Wie lange man diese Redewendung schon gebraucht, ist nicht bekannt; jedenfalls wurde sie auch in der Operette »Der Bettelstudent« (1883) von Friedrich Zell und Richard Genée verwendet.

WER ZU SPÄT KOMMT, DEN BESTRAFT DAS LEBEN

Immer wieder werden auch neue Redewendungen geprägt, die, vielzitiert, in den allgemeinen Sprachgebrauch eingehen. Dann werden sie oft auch Teil der Literatur. So auch der Ausspruch von Michail Gorbatschow, der in seiner berühmten Rede zum 40. Jahrestag der Gründung der DDR Reformen anmahnte und sagte: »Wer zu spät kommt, den bestraft das Leben.« Er wollte damit einfach sagen, dass man rechtzeitig handeln muss, weil es sonst einfach zu spät ist und keine Spielräume mehr bleiben.

WO ROHE KRÄFTE SINNLOS WALTEN

Das kennen wir doch genau: Irgendwo sind Kräfte im Spiel, mit denen Unsinniges vollbracht wird. Kraft muss richtig eingesetzt werden, auch politische Macht. Wenn man Macht missbraucht, kann damit viel Unheil angestiftet werden. Wenn man Kraft nicht gezielt einsetzt, dann verpufft sie oder wirkt zerstörerisch. Der Spruch geht auf Friedrich Schillers Werk »Die Glocke« zurück, wo es auch heißt: »Wo rohe Kräfte sinnlos walten, / da kann sich kein Gebild gestalten, / wenn sich die Völker selbst befrein, / da kann die Wohlfahrt nicht gedeihn.«

TANZ AUF DEM VULKAN

Damit meint man naive Ausgelassenheit in einer kritischen Situation. Man tanzt auf dem Vulkan, obwohl es schon lange brodelt! Es gibt hierzu verschiedene Deutungen. Zum einen wird die Bezeichnung »Tanz auf dem Vulkan« Robespierre, zum anderen Napoleon im Zusammenhang mit der Französischen Revolution zugeschrieben. Nachgewiesen ist der Ausspruch jedenfalls im Vorfeld der Revolution von 1830. Bei einem Fest, das der Herzog von Orléans im Mai 1830 für den König von Neapel gab, soll der dortige französische Gesandte, Graf Narcisse Achille Salvandy, gesagt haben: »Wir tanzen auf einem Vulkan« (nous dansons sur une volcan). Der Ausspruch wurde auch Filmtitel für den im Jahr 1830 spielenden deutschen Streifen von Gustav Gründgens, der das Werk 1938 drehte.

AUF IN DEN KAMPF, TORERO!

Der Ausspruch steht für Aufbruch und für den Beginn einer Unternehmung und wird heute sowohl für anstehende größere Urlaubsreisen gebraucht als auch für neue geschäftliche Aktivitäten. Mit dem Spruch wünscht man sich gegenseitig quasi gutes Gelingen nach dem Motto: Auf, packen wir's an. »Auf in den Kampf, Torero!« stammt aus der erstmals 1875 aufgeführten Oper »Carmen« von Georges Bizet (1838–1875). In der deutschen Übersetzung ist der Spruch sehr beliebt geworden. Es gibt sogar verschiedene Abwandlungen. Im Volksmund sagt man schon seit vielen Jahrzehnten scherzhaft auch: »Auf in den Kampf, meine Schwiegermutter naht!«

KLEIDER MACHEN LEUTE

Wenn sich heute jemand passend anzieht, einfach schick macht, dann stellt er etwas dar. Man sagt auch: »Er macht etwas her.« Kleider machen einfach Leute. Die Redewendung beschreibt gute und gepflegte Kleidung, die das Ansehen der jeweiligen Person erhöht. Bekanntheit erlangte die Redewendung durch die Novelle von Gottfried Keller (1819–1890) aus dem Werk »Die Leute von Seldwyla«. Doch gibt es auch ähnliche Redewendungen, die schon bei den Römern gebraucht wurden. So etwa: »Das Kleid macht den Mann« (vestis virum reddit).

7. Kapitel
Wie das Militär unseren Wortschatz beeinflusst

Achtung, aufgepasst! In diesem Kapitel wird scharf geschossen. Man glaubt kaum, wie viele Redewendungen auf Angriff und Verteidigung, Taktik und Todesarten, Waffen und Widerstand zurückzuführen sind. Kriege, Revolutionen und Aufstände haben die Menschen bis in den Alltag hineinverfolgt und die Sprache geprägt. Militärische Ausdrücke aus dem Kriegshandwerk haben sich Jahrhunderte hindurch bis in unsere Zeit durchgeschlagen und beherrschen auch im Frieden die Umgangssprache in nicht unerheblichem Maße. Also dann: Auf ins Wortgefecht!

* * *

Militärischer Gruß

Hand anwinkeln und mit den Spitzen der Finger der rechten Hand Mütze oder Helm antippen; so sehen wir bei Nachrichtensendungen den militärischen Gruß.

Dann etwa, wenn hochoffiziell Staatsgäste empfangen werden, wenn der Bundesverteidigungsminister eingeführt oder verabschiedet wird. Auch Turnierreiter absolvieren den militärischen Gruß. Vor Beginn des Parcours grüßen sie mit angewinkeltem Arm und an den Seiten des glänzenden Zylinders angetippten spitzen Fingern. Forscher glauben, dass sich der militärische Gruß aus dem Mittelalter herausentwickelt hat, weil man mit der rechten Hand beim Begrüßen das Visier hochschieben musste, um die Augen sichtbar zu machen. Vielleicht ist der militärische Gruß aber auch ein Zeichen der Höflichkeit, ohne dass man Hut oder Helm abnehmen muss.

Die Flinte ins Korn werfen

Ist man niedergeschlagen, entmutigt oder kraftlos und enttäuscht, hört man von Freunden häufig den aufmunternden Ratschlag: »Wirf jetzt bloß nicht die Flinte ins Korn!« Die Durchhalteparole stammt aus einer Zeit, in der die Soldaten sich noch Mann gegen Mann mit Vorderladern im Feld gegenüberstanden. Diese Gewehre hatten Feuerstein- oder sogenannte Flintschlösser. Die Fußtruppen bestanden früher häufig aus schlecht bezahlten Söldnern, die anders als ein stehendes Heer nur für den jeweiligen Kriegseinsatz gebucht wurden. Die Moral der Truppe war dementsprechend. Und wenn es ernst wurde, warfen die Söldner nicht selten die Flinte ins Korn (also in den nächsten Acker) und desertierten. Ihr Leben war ihnen lieber als Ruhm, Ehre und Tod.

EISERNE RATION

Es ist der letzte Vorrat, den man nur ungern angreift: die eiserne Ration! Noch heute gibt es für Soldaten eine Art Notverpflegung: Sie ist lange haltbar, enthält viele Kalorien und lässt sich ohne viel Aufwand schnell im Feld verzehren. Besonders schmackhaft hingegen ist die Feldverpflegung nicht: Sie enthält meistens geschmacklose Konzentratnahrung, faseriges Trockenfleisch, staubige Energieriegel und harte Kekse. Alles ist – wie das Metall – lange haltbar und meistens auch hart wie Eisen. Da man solche Mahlzeiten nur im Notfall angreift, wurden sie eiserne Ration genannt. Vielleicht geht der Begriff auch auf den Lebensmittelvorrat in der »eisernen« Blechbüchse zurück.

SCHUSS VOR DEN BUG

Feindliche Schiffe, die in territoriale Gewässer eines Landes eingedrungen sind, wurden (und werden) von Kriegsschiffen unsanft gestoppt. Als Warnung feuerte man dem Eindringling früher einen Kanonenschuss vor den Bug. Das bedeutete: Abdrehen, oder es knallt richtig, und ihr seid alle Fischfutter! Bekommt man heute einen Schuss vor den Bug, gilt das als eindringliche Warnung in vielerlei Hinsicht. Es kann ein Herzinfarkt sein, wenn man ungesund gelebt hat, eine Abmahnung aus der Personalabteilung für ständiges Zuspätkommen oder eine Bewährungsstrafe vor Gericht für Verkehrsrowdytum.

Damit der Soldat schön in Reih und Glied marschiert, reicht es nicht, auf die Kommandos zu hören. Man muss sich auch auf Schritt und Tritt exakt am Vordermann orientieren. »Im – Gleichschritt! Augen gerade – aus!« Verliert man den Vordermann aus den Augen, kann »rechts – links« und damit ruck, zuck die ganze Truppe aus dem Tritt geraten. Ordnung muss sein! Und das nicht nur beim Militär. Wenn wir heute jemanden auf Vordermann bringen, dann wird ein bestimmtes Verhalten – eine Anpassung an Strukturen oder Gegebenheiten – sehr streng eingefordert.

Waffen strecken

Wenn es keinen Ausweg mehr gibt, sich der Kampf nicht mehr lohnt und ohnehin schon alles verloren ist, dann kann man nur noch die Waffen strecken und kapitulieren. Die Redensart klingt nicht nur militärisch, sie ist es auch; früher hat man die Schwerter und Speere vor dem Feind auf den Boden gelegt (und damit gestreckt), wenn der Kampf verloren war. Wenn man an die Länge der Waffen denkt, macht der Begriff »strecken« durchaus Sinn.

Man brauchte einen Feuerstein und Zunder, um früher ein Feuer zu entfachen. Als Zunder dienten sehr trockene Holzstückchen oder pflanzliche Materialien wie Moos, vor allem aber der sogenannte Zunderschwamm. Das ist ein Baumpilz, der auf totem Holz gedeiht und im 19. Jahrhundert für die Truppen und den Hausgebrauch sogar industriell abgebaut wurde. Beim Militär bekam der Feind »ordentlich Zunder«, wenn er heftig beschossen wurde. Und wenn man heute jemandem Zunder gibt, dann kriegt derjenige richtigen Stress und steht unter Feuer (was übrigens auch eine militärische Redewendung ist).

SCHEMA F

Das F steht für Formular. Und weil beim preußischen Heer nichts dem Zufall überlassen wurde, brauchte man Formulare, um die Truppenstärke zu registrieren. Im stehenden Heer der Armee war eben alles perfekt und bürokratisch durchorganisiert. Und zwar genau nach diesem Schema F. Es handelte sich dabei um Frontrapporte, die nach bestimmten Schemata ausgefüllt wurden. Sie waren ab 1861 in der Heeresverwaltung vorgeschrieben, gaben Auskunft über die Truppenstärke und alles, was mit dem Regiment zu tun hatte. Läuft heute etwas nach Schema F, dann ist nicht viel Spielraum möglich. Es handelt sich um einen gedankenlosen, routinemäßigen und unkreativen Vorgang, dem man als Einzelner nur schwer etwas entgegensetzen kann.

Stellung halten

Der Begriff erklärt sich von selbst: Da ist ein Heer, das hat Stellung bezogen, und die gilt es zu halten. Auch wenn der Feind kommt. Wenn wir heute »Stellung beziehen«, setzen wir uns für etwas ein und vertreten unsere Meinung. Halten wir die Stellung, sind wir hingegen meistens die Letzten, die irgendwo übriggeblieben sind. Oder wir sichern einen Standort. Während die Freunde noch einen Parkplatz suchen, halten wir schon mal die Stellung an der Theke. Und wenn Stunden später alle wieder auf dem Heimweg sind, wollen wir noch lange nicht nach Hause gehen. Dann halten wir sehr zum Leidwesen betroffener Ehefrauen und übermüdeter Kneipenwirte die Stellung am Tresen.

Den dicken Wilhelm markieren

Kaiser Wilhelm II. (1859–1941) war ein stattlicher Herrscher, der einen pompösen Lebensstil pflegte, gern schwadroniert hat und als erster Medienmonarch repräsentative Auftritte liebte. Seine markigen Reden, die schnittigen Uniformen mit den vielen blinkenden Orden machten ordentlich was her. Bei seinen Kritikern im

Volk galt er hingegen wegen seines Protzstils als Selbst-darsteller und Schwätzer. Angeber wurden damals er-mahnt: »Nun markier mal nicht den dicken Wilhelm!« Wer sich heute wie ein Großkotz aufspielt und wichtig-macht, spielt ebenfalls den dicken Wilhelm. Und das ist weiß Gott kein Kompliment!

SPIESSRUTENLAUF

Die drakonische Strafe endete nicht selten mit dem Tod. Der Spießrutenlauf wurde 1713 zum ersten Mal ange-wandt und später von der preußischen Armee sogar als Disziplinierungsmaßnahme bei schweren Straftaten ein-gesetzt. Wer die Ehre des Regiments beschmutzt hatte oder sich als Soldat anderweitig unehrenhaft verhielt, musste durch eine Art Gasse laufen, die von den Lands-knechten mit ihren Spießen gebildet wurde. Das Regi-ment stellte sich in Zweierreihen gegenüber auf, so dass die Spitzen der Waffen in die Mitte zeigten. Durch diese Gasse aus langen Spießen musste der Delinquent laufen, während die Landsknechte kräftig zustießen. In extre-men Fällen wurde der Spießrutenlauf wiederholt, bis das Opfer tot zusammenbrach war. Wer heute einen Spieß-rutenlauf hinter sich hat, ist auch verletzt. Aber nicht körperlich: Das Opfer fühlt sich meistens ungerecht und schlecht behandelt, ist übel kritisiert worden oder muss-te sich durch die Mühlen der Bürokratie kämpfen.

Fussangeln legen

Heute verlegen Soldaten Landminen, um den Feind am Eindringen in ein bestimmtes Gebiet zu hindern; früher nutzte man Fußangeln. Das waren Schlagfallen aus Eisen, die unter Spannung standen. Die Ränder hatte man mit scharfkantigen Spitzen bespickt. Um feindliche Soldaten aufzuhalten, wurden diese Fußangeln flach im Boden vergraben und unter Laub getarnt. Trat der Gegner darauf, schlug die Falle zu und verursachte offene Wunden und Beinbrüche. Die Hinterlist der Aktion spricht noch heute aus der Redewendung. Wer Fußangeln legt, wehrt sich mit nicht ganz legalen Mitteln.

In Harnisch geraten

Wenn man so richtig wütend ist, kann man leicht in Harnisch geraten. Vielleicht schreibt man dann eine geharnischte E-Mail, bringt damit jemand anderen in Harnisch und macht alles noch viel schlimmer. Eines ist jedenfalls klar: Wer in Harnisch gerät, ist ziemlich kriegerisch drauf. Aus der Kriegskunst des Mittelalters leitet sich der Ausspruch auch ab. Die Ritter trugen eine Art Brustpanzer, um sich vor den Waffen der Feinde zu schützen. Sie waren mit diesem Harnisch gegen Verletzungen gerüstet. Man verstand darunter auch die Ausrüstung eines Ritters, der in den Krieg zog. Dann doch lieber eine geharnischte E-Mail schreiben als in den Kampf ziehen, oder!?

Jemandem in die Parade fahren

Da ist man gerade so richtig bei der Sache, und plötzlich widerspricht einem jemand energisch: Er fährt uns in die Parade. Meist ist man dann überrascht, kommt völlig aus dem Konzept, und der andere ist im Vorteil. Wie der Fechter im Mittelalter. Kam es beim Angriff plötzlich zur Abwehr des Gegners, ist er dem Fechter mit seinem Florett, Degen oder Säbel in die Parade gefahren. Beim heutigen Sportfechten ändert sich bei einer solchen Unterbrechung des Angriffs (der Parade) das Angriffsrecht, und man ist im Nachteil.

Jemanden über die Klinge springen lassen

Es ist vom Fallbeil oder vom Richtschwert des Henkers die Rede, über das der Kopf des Hingerichteten »sprang«, wenn die Todesstrafe vollstreckt wurde. Ein makabrer Ausdruck, der auch heute noch die Vernichtung eines Menschen meint. Dabei ist nicht unbedingt vom Töten die Rede: Man kann das Opfer auch finanziell, beruflich oder gesellschaftlich über die Klinge springen lassen und damit im übertragenen Sinne hinrichten bzw. fertigmachen.

Den Nagel auf den Kopf treffen

Bei Schießübungen musste früher ein Nagel herhalten, um die Mitte der Zielscheibe zu kennzeichnen. Wer diesen Nagel traf, ging als bester Schütze vom Platz und konnte stolz sein. Heute hat man ebenfalls voll ins Schwarze getroffen (was übrigens auch mit der Zielscheibe der Schützen zu tun hat!), wenn man bei Diskussionen oder Meinungsverschiedenheiten den Nagel auf den Kopf getroffen hat.

Den Marsch blasen

Soldaten waren früher oft schon vor Sonnenaufgang auf den Beinen. Der Befehl hieß dann: Abmarsch! Damit das ganze Regiment auch wirklich gemeinsam wach wurde und keiner verschlief, musste ein Trompeter den schlafenden Soldaten den (Ab-)Marsch blasen. Dann wusste jeder: Jetzt geht's weiter. Es war sicher nicht angenehm, so aus dem Schlaf gerissen zu werden. Doch heute hat die Redensart eine viel negativere Bedeutung. Wem der Marsch geblasen wird, der muss herbe Kritik einstecken.

Etwas aufs Korn nehmen

Man ist verärgert, wenn man jemanden aufs Korn nimmt. Dann wird heftig kritisiert, nachgehakt und auf der umstrittenen Sache herumgehackt. Mit dem Getreidekorn hat diese Redensart nur indirekt zu tun. Gemeint ist das Korn am Gewehrlauf, das wiederum seinen Namen vom Getreidekorn hat. Der Form wegen. Das klingt alles etwas kompliziert und erschließt sich erst dann richtig, wenn man mit dem Gewehr zielt: Dann nämlich scheint es, als ob ein Korn im Ziel liegt. Alles klar? Wer also etwas aufs Korn nimmt, zielt genau auf den wunden Punkt seines Gegners – und manchmal trifft man auch. Bei traditionellen Schusswaffen gibt es das Korn nicht ohne Kimme. Man visiert das Ziel durch beide an – dann darf geschossen werden.

Lärm schlagen

Wie kann man besser vor einem Feind warnen? Als es noch keine Alarmanlagen gab, schlugen die Wachposten eines Regiments mit (Alarm-)Trommeln jede Menge Lärm. Später benutzte man auch Trompeten. Doch der Begriff »Lärm blasen« setzte sich nicht durch. Heute schlägt man mit vielerlei Mitteln Lärm: Politiker nutzen beispielsweise gern die Medien. Doch manchmal kommt dabei wenig heraus: Dann war es viel Lärm um nichts.

Gerüchte verbreiten sich wie ein Lauffeuer. Man hat sich kaum umgedreht, und schon weiß die ganze Abteilung, dass die Sekretärin ein Verhältnis mit dem Chef hat. Je anrüchiger, umso schneller macht das Lauffeuer die Runde. Das »laufende Feuer« auf dem Schlachtfeld verbreitete sich ebenfalls extrem schnell. Und das war so gewollt. Es wurde einfach eine Spur mit Pulver ins feindliche Lager gelegt und angezündet. Schon brannte es am anderen Ende lichterloh.

Jemandem den Laufpass geben

Schluss, aus und vorbei! Die Beziehung ist beendet: Sie hat ihm den Laufpass gegeben oder umgekehrt. Wenn es sich dabei um einen Abschiedsbrief handelt, machte die Redensart sogar ein wenig Sinn. Wenn Soldaten im 18. Jahrhundert einen Laufpass erhielten, waren sie schriftlich aus dem aktiven Dienst entlassen worden. Sicher waren die meisten Soldaten damals – im Gegensatz zum verlassenen Liebhaber heute – nicht unbedingt traurig über den Umstand. Immerhin hatten sie den Dienst an der Waffe und zahlreiche Kämpfe überlebt.

Wer jetzt an Wäsche denkt, ist auf dem falschen Dampfer. Das Opfer gerät zwar auch unter Druck und wird geplättet wie ein Laken, doch der Ausdruck kommt nicht aus der Waschküche, sondern entstand auf dem Schlachtfeld. Im Mittelalter warf man nicht mit Granaten, sondern mit Steinen. Damit diese Geschosse eine besonders bedrohliche Wirkung hinterließen, baute man Steinschleudern. Diese Wurfmaschinen hießen auf Mittelhochdeutsch »Mange«. Wer damals in die »Mange« der Gegner geriet, war in allergrößter Gefahr. Auch heute bringt man jemanden in arge Bedrängnis, wenn man ihn in die Mangel nimmt.

SO SCHNELL SCHIESSEN DIE PREUSSEN NICHT

Der Ausdruck zeugt von allergrößtem Respekt. Die preußische Armee (sie bestand von 1701 bis 1919) hatte einen Ruf wie Donnerhall! Unter dem Soldatenkönig Friedrich Wilhelm I. (1713–1740) hatte die Armee eine ganz besondere Bedeutung. Bei seinem Tod war das Land Preußen viertstärkste Militärmacht in Europa und gab über 80 Prozent der Staatsausgaben für die Armee aus. Die Militärmacht prägte die ganze preußische Gesellschaft und ihren Lebensstil. Soldat sein war damals Lifestyle – auch wenn man sein Leben leicht verlieren konnte! Und die Preußen waren für ihre Feinde echte Angstgegner. Doch die Redensart will eher beschwichtigen. Wer sagt: »So schnell schießen die Preußen nicht«, meint: Leute, lasst euch nicht einschüchtern und verrückt machen.

Etwas auf der Pfanne haben

Nein, das Steak in der Pfanne ist nicht gemeint! Vielmehr geht es um eine kleine Mulde, in die Zündpulver kommt. Wer früher bei seinem Steinschlossgewehr etwas auf der Pfanne hatte, war bereit zu schießen. Das Pulver wurde entzündet, indem ein Feuerstein gegen eine Metallplatte schlug. Dabei entstanden Funken, die wiederum das Pulver auf der Pfanne entzündet haben. Und wenn alles geklappt hat, ging wirklich ein Schuss los. Wer heute was auf der Pfanne hat, ist ein intelligentes Kerlchen, das sich nicht so leicht in die Pfanne hauen lässt.

Von der Pike auf lernen

Wer etwas von der Pike auf lernt, ist gut gerüstet. Er versteht sein Handwerk und kennt sich aus. Das ist auch heute noch so. Der Begriff kommt allerdings aus dem Mittelalter. Die Pike war ein gut sechs Meter langer Spieß, mit dem die sogenannten Pikeniere schon im frühen 16. Jahrhundert gegen die Kavallerie kämpften. Die Pike war als Abwehrwaffe gegen Pferd und Reiter entwickelt worden und sollte die Lanzen der Ritter brechen. Die Infanterie ließ die Angreifer hoch zu Ross quasi ins Messer (also in die Pike) laufen und versuchte so, den Angriff zu stoppen. Mit der Erfindung von Handfeuerwaffen starben die Pikeniere (bildlich gesprochen) aus. Wer von der Pike auf gedient hat, fing ganz unten an und hat sich hochgearbeitet.

Die volle Breitseite

Wer die volle Breitseite abbekommt, hat nichts zu lachen. Ganz gleich, in welcher Situation er oder sie steckt: Es kann einen während einer politischen Diskussion erwischen oder beim Sport. Im ersten Fall reden plötzlich alle geschlossen und wütend auf den Redner ein. Auf dem Spielfeld wird man unerwartet und schonungslos von der Gegenmannschaft attackiert. Man kriegt die volle Breitseite ab. Der Ausspruch stammt aus einer Zeit, als die Kriegsschiffe noch mit Kanonen aufeinander schossen. Wurden alle Geschütze auf die »breite Seite« des gegnerischen Schiffs abgefeuert, drohte der Untergang mit Mann und Maus.

In die Bresche springen

Wenn man in Verlegenheit geraten ist, braucht man jemanden, der für einen in die Bresche springt. Sonst kann es furchtbar unangenehm werden. Der Ausspruch ist vielseitig verwendbar: Kannst du für mich in die Bresche springen und mir Geld leihen, das Referat an der Uni halten, dem Chef die Schramme am Dienstwagen erklären, mit meiner Frau in die Oper gehen …? Im Mittelalter war eine »Bresche« eine gefährliche Lücke in der Festungsmauer. Wer damals einsprang, um diese Lücke zu schließen, half den Soldaten aus einer prekären Situation und riskierte sein Leben.

Das Kriegsbeil ausgraben/begraben

Da sitzen Kontrahenten beieinander und kommen sich trotz unterschiedlicher Auffassungen allmählich in einer Sache näher. Vielleicht nach ein paar Gläsern Wein oder dem einen oder anderen Bier sagt dann plötzlich jemand versöhnlich: »Lass uns das Kriegsbeil begraben.« Natürlich haben die Streithähne nicht mit Äxten aufeinander eingehauen. Und so brauchen sie weder Beil noch Axt begraben. Und dennoch steht die Redewendung dafür, dass man einen Konflikt für beendet erklärt. Oder eben, wenn man »das Kriegsbeil ausgräbt«, der Konflikt erst losgeht und wenig friedlich Gegensätze ausgetragen werden. Die Redewendung ist an den früheren Brauch einiger nordamerikanischer Indianerstämme angelehnt, die bei Ausbruch von kriegerischen Handlungen das zuvor begrabene Kriegsbeil wieder ausgruben. Das Kriegsbeil wurde als Symbol für den Kampf oder Krieg angesehen. War der Kampf beendet, wurde das Kriegsbeil begraben; der Konflikt galt als beigelegt. Unter anderem

wurde dieser Brauch durch den Roman »Lederstrumpf«
von James Fenimore Cooper (1789–1851) bekannt.

SEIN WATERLOO ERLEBEN

Als Napoleon I. am 18. Juni 1815 bei Waterloo vom englischen General Wellington vernichtend geschlagen wurde, hatte der französische Feldherr eine kriegsentschei-
dende Niederlage erlitten, die durch nichts wiedergutzu-
machen war. Der Verlust des Feldzugs, mit dem niemand
gerechnet hatte, ging sofort in den allgemeinen Sprachgebrauch ein. Die Redensart gibt es auch in England:
»To meet his Waterloo« bedeutet auch heute noch, dass
man mit etwas fulminant gescheitert ist.

8. KAPITEL
Das Mittelalter lebt

Das Mittelalter ist in Form von Redewendungen in unserem Alltag fest integriert und verankert. Mehrmals am Tag reden wir wie die Menschen vor Hunderten von Jahren. Auch heute haben Adelige noch »blaues Blut«, geben Verstorbene »den Löffel ab« und gibt es »Prügelknaben«, die für alles herhalten müssen. Doch was all die rätselhaften, oft martialischen Bilder uns sagen, haben wir in den meisten Fällen vergessen. Dabei verraten die Redensarten viel über eine harte, brutale und ärmliche Epoche in Europa, die den Menschen das Leben oft schwergemacht hat. Viele Bilder und Begriffe sind wirklich wörtlich zu nehmen. Sie kommen aus der Welt der nicht immer edlen Ritter, des höfischen Lebens auf den Burgen und Schlössern oder direkt aus der Folterkammer.

* * *

Blaues Blut

Wer von Adel war, musste im Mittelalter nicht draußen auf dem Feld schuften wie der einfache Bauer, sondern konnte sich in den kühlen Gemächern des Schlosses vor den Strahlen der sengenden Sonne schützen. Eine blasse Hautfarbe galt als vornehm. Nur begüterte Grafen und Herzoge konnten es sich leisten, auch im Hochsommer ihre helle Haut zu wahren. Unter weißer Haut sieht man die blauen Adern wesentlich deutlicher als unter gebräunter Haut. Deshalb vermuteten die einfachen Leute, dass Aristokraten blaues und kein rotes Blut hätten.

Den Löffel abgeben

Im Mittelalter aß man mit den Händen und trank die Suppe direkt aus der Schale oder dem Becher, indem man die Gefäße einfach an den Mund setzte. Besteck war ein seltenes, wertvolles Gut, das den Reichen bei Hofe vorbehalten war, die immer feinere Tischsitten pflegten. Wer von den armen Leuten einen Löffel besaß, konnte sich glücklich schätzen. Die Ehre, mit dem Löffel zu essen, stand deshalb meistens dem Familienoberhaupt, in der Regel war das der älteste Mann, zu. Bei seinem Tode ging der Löffel als Erbstück auf die nächste Generation über: Der Verstorbene hat im wahrsten Sinne des Wortes seinen Löffel abgegeben.

Prügelknabe

Adelige verstießen im Mittelalter nicht selten selbstherrlich gegen geltendes Recht, über das sie sich als Herrscher oft einfach hinweggesetzt haben. Wenn es vor dem Richter dann doch eng wurde, mussten nicht etwa die feinen Herren selbst ihren Kopf hinhalten: Dafür hatten sie Prügelknaben! Das waren Kinder aus einfachen Verhältnissen, die die Schläge für ihre Herren auf sich nahmen, wenn diese verurteilt worden waren. Dafür bekamen sie Wasser und Brot und einen Schlafplatz im Heu. Oft wurden die Kinder armer Bauern von ihren Eltern als Prügelknaben an die Adeligen verkauft.

Wer Böses im Schilde führt

Der Feind, das unbekannte Wesen. In Zeiten, in denen Terroristen nebenan wohnen und freundlich grüßen, ist das Erkennen von Gegnern schwierig, ja geradezu unmöglich geworden. Kein Verbrecher hält heute ein Plakat hoch, auf dem steht: »Ich hau dir gleich eins auf den Schädel!« Im Mittelalter war das anders: Wer Böses im Schilde führte, trug seine kriegerischen Absichten auf fremdem Territorium sozusagen mit seinem Wappen im Schild vor sich her. Dann wusste der Gegner sofort: »Oh, den darf ich verhauen – oder auch nicht!« Das war praktisch und irgendwie auch fair. Wer heute Böses im Schilde führt, ist ebenfalls erkannt worden. Die Redewendung gilt als Warnung.

Um sich zu prügeln und an friedlichen Reiterspielen (die häufig tödlich endeten!) teilzunehmen, zog man mit Ross und Reiter Richtung Schloss. Doch im Mittelalter gab es keine Hinweisschilder wie etwa »A 23, Ausfahrt Richtung Reiterspiele«. Die Wälder waren dunkel, die Straßen endeten oft auf dem Holzweg. Das waren Wege im Wald, die von Holzfällern nur für den Holztransport angelegt worden waren. Sie endeten plötzlich im Nirgendwo und führten Fremde leicht in die Irre. Auch wer heute auf dem Holzweg ist, kommt irgendwie nicht richtig weiter und hat sich in einer Idee oder mit einem Vorhaben verirrt.

IMMER DER NASE NACH

Im Mittelalter gab es keine Hinweisschilder zur nächsten Stadt oder zu einem Schloss, an dem sich der Reisende orientieren konnte. Man ging einfach immer der Nase nach! Wo die nächste Burg stand, konnte man deutlich riechen! Es stank schrecklich, weil die feinen Herrschaften einfach von oben in den Burggraben urinierten, den sie als Plumpsklo ohne Wasserspülung für Fäkalien und allerlei Abfälle genutzt haben. In den Städten roch es auch nicht besser. Es gab überall in den Straßen nur eine offene Kanalisation, Abfälle und der Inhalt der Nachttöpfe wurden einfach vor die Tür gekippt. Der typische Stadtgeruch im Mittelalter muss eine Mischung aus Müll, Kot und verfaulten, gärenden Nahrungsresten gewesen sein.

Im Stich lassen

Als gefallener Ritter war man auf seinen Knappen angewiesen. Dieser durfte den Ritter auf gar keinen Fall im Stich lassen, denn das bedeutete den sicheren Tod des Edelmanns. Der Stich war die abgezirkelte Gefahrenzone, in der die Reiterspiele stattfanden. Fiel ein Ritter dort vom Pferd (vielleicht weil er kein Auge riskieren wollte und mit geschlossenem Visier unterwegs war), durfte der Gegner den Gefallenen gnadenlos mit der Lanze abstechen – außerhalb des Stichs war das verboten.

Auf den Nägeln brennen

»Bete und arbeite« heißt die Lebensmaxime der Benediktinermönche. Zur Komplet am Ende des Tages und in den frühen Morgenstunden zur Laudes ist es noch dunkel, wenn die Mönche die Kirche betreten. Im Mittelalter musste an allem gespart werden, auch an Kerzen. Jeder Mönch hatte nur eine Kerze, die er zum Gebet entzünden durfte. Mit etwas Wachs befestigten die Mönche ihre Kerze auf dem Daumennagel, um im Dunkeln die Worte im Gebetbuch lesen zu können. Je weiter die Kerze heruntergebrannt war, umso mehr brannte es den frommen Männern auch auf den Nägeln. Sie beeilten sich mit dem Gebet, lasen die Texte immer schneller, denn eine zweite Kerze zu entzünden war zu kostspielig. Auch wenn uns heute etwas auf den Nägeln brennt, haben wir es sehr eilig.

Die Hand ins Feuer legen

Um die Schuld eines Menschen zu beweisen, galt im Mittelalter häufig das sogenannte Gottesurteil. Die armen Opfer wurden schwer gefoltert: Es wurde erwartet, dass Gott sie errettet, wenn sie unschuldig sind. Wer an all den Qualen starb, schwerverletzt und verstümmelt leiden musste, der konnte ja nur schuldig sein. Schließlich hat Gott ihn verlassen. Bei einer besonders brutalen Form der Folter musste der Beschuldigte seine Hand ins Feuer legen. An der Schwere der Verbrennungen und dem Fortlauf des Heilungsprozesses wurde dann auch die Schwere der Schuld gemessen. Wer nur leichtverletzt war, konnte sich doppelt glücklich schätzen: Er galt als unschuldig und musste nicht so furchtbar leiden. Wer heute seine Hand für andere ins Feuer legt, muss sich schon sehr sicher sein, dass er nicht enttäuscht wird.

Intelligente Menschen wissen immer alles, oder? Jedenfalls dauert es etwas länger, bis sie mit ihrem Latein am Ende sind. Im Mittelalter war Latein die Sprache der Gelehrten. Alles, was wichtig und wissenswert war, wurde in Latein niedergeschrieben und sorgsam in Büchern bewahrt. Auch die Bibel wurde nur in Latein verlesen. Für einfache Leute, die weder lesen noch schreiben konnten, war dieses Wissen unerreichbar. Doch wenn auch die Gelehrten ihre Köpfe schüttelten und all die klugen Bücher nicht mehr weiterhalfen, dann war keine Lösung der Probleme mehr möglich: Man war wirklich mit dem Latein am Ende.

Das geht auf keine Kuhhaut

Heute geht man einfach in einen Schreibwarenladen und kauft Papier. Im frühen Mittelalter jedoch war Papier weitgehend unbekannt oder unerschwinglich. Deshalb schrieb man auf Pergament, das häufig aus Schafs- oder Kalbshäuten gegerbt worden war. Ein sehr aufwendiger und langwieriger Prozess. Deshalb schrieb man nur die wirklich wichtigen Dinge auf, um sie zu bewahren. Texte, die zu lang waren, passten einfach auf keine Kuhhaut und wurden weggelassen.

Ein Buch aufschlagen

All die dicken Seiten in alten Büchern, die aus beschriebenen Tierhäuten bestehen, wurden aufwendig in Lederklappen eingebunden. Die Seiten dieser Bücher mussten mit schweren Beschlägen zusammengehalten werden, denn sonst hätte man das Buch nicht schließen können. Um ein Buch zu öffnen, musste man mit der flachen Hand kräftig daraufschlagen: Erst dann sprangen die Beschläge auf, die in geschlossenem Zustand unter so großer Spannung standen, dass sie sich nicht einfach öffnen ließen.

Das dauert ewig und drei Tage

Man wartet und wartet, und nichts passiert. Bis sich dann endlich etwas tut, das dauert ewig und drei Tage. So wie im Mittelalter die Rechtsprechung! Man musste früher schon viel Geduld haben, wenn man sich bei Gericht einließ und sein Recht verlangte. Oft wurden von den Richtern Fristen gesetzt, die über einen langen Zeitraum gingen. Dann gaben die Herren in der schwarzen Robe noch einmal drei Tage obendrauf! Diese Extratage als Fristverlängerung waren geschriebenes Gesetz. Wer im Mittelalter Gerechtigkeit gesucht hat, musste also viel Zeit mitbringen.

Wenn man sich eine brennende Fackel im Wind vorstellt, sieht man ein ständig hin und her flackerndes, unruhiges Feuer. Mal züngelt die Flamme nach rechts, mal nach links. Es gibt keine wirklich gerade Linie, keine Ruhe. Wenn ein Mensch nicht lange fackelt, kommt er ohne Umwege direkt zur Sache und löst seine Probleme gradlinig und schnell.

Ein seltsamer Kauz

Der Nachtvogel war den Menschen im Mittelalter unheimlich. Das seltsame Rufen der Käuzchen in der Dunkelheit machte ihnen Angst. Wer am Krankenbett eines Angehörigen wachte und den Ruf des Vogels nachts vernahm, sah schon den Tod auf der Türschwelle stehen. Der scheue, nachtaktive Eulenvogel, den man bei Tage nicht zu Gesicht bekommt, hatte schnell den Ruf weg, ein Totenvogel zu sein. Die armen Tiere wurden deshalb im Mittelalter verfolgt, grausam gequält und getötet. Später bezeichnete man schüchterne Menschen und Außenseiter, die man nicht so recht einordnen konnte, als komische Käuze.

Es gibt Verehrer, die können machen, was sie wollen: Sie haben bei der Angebeteten keine Chance und bekommen einen Korb. Die Minnesänger im Mittelalter dagegen hofften auf einen Korb. Der wurde nämlich von dem holden Fräulein extra heruntergelassen, damit der Verehrer sich darin zu ihr hochziehen lassen konnte. Ob die Damen damals so kräftig gebaut waren oder den Korb von einem Diener hochziehen ließen, ist nicht überliefert. Aber eines wissen wir heute: Wenn der Freier nicht gefiel, wurde er kurzerhand fallen gelassen. Tja, auch die Damen waren im Mittelalter nicht immer das schwache Geschlecht.

Schlitzohr

Schlechte Handwerker konnte man früher leicht an den Ohren erkennen: Sie hatten wirklich einen Schlitz im Ohr! Der Grund ist eine Entehrung. Gute Gesellen bekamen als Zeichen der Zugehörigkeit zu ihrer Zunft einen Ohrring verliehen. Wer unsauber gearbeitet hatte oder sich gegen die Regeln seiner Zunft »unzünftig« benahm, dem wurde der Ohrring einfach wieder aus dem Ohr herausgerissen: Dabei wurde das Ohrläppchen aufgeschlitzt.

Während die armen Leute im Mittelalter oft nur in Lumpen gehüllt waren, verzierten goldene Knöpfe, Münzen und Medaillen die Jacken und Gewänder der Reichen. Sie trugen ihre Wertsachen quasi am Körper. Manchmal erwiesen sich die Herrschaften als gnädig und knöpften für Bettler, Bauern oder Wirtsleute etwas von ihrem Gewand ab und schenkten es her. Heute steht das »Abknöpfen« für ein Geschäft, das nicht so ganz sauber abgelaufen ist oder nur sehr zäh zustande gekommen ist.

AUF GROSSEM FUSS LEBEN

Ohne Schuhe mussten die armen Leute im Mittelalter durchs Leben gehen. Denn Schuhe waren ein besonders wertvolles Kleidungsstück. Wenn es draußen kalt wurde, mussten Lederlappen herhalten. Man wickelte die Lappen um die Füße, um sich vor Erfrierungen zu schützen. Die wohlhabenden Aristokraten dagegen lebten auf großem Fuß: Sie hatten nicht nur Lederschuhe oder feine Pantöffelchen, sie staffierten das Schuhwerk obendrein je nach der vorherrschenden Mode aus. Lange Zeit galten Schnabelschuhe als besonders schick. Sie vergrößerten den Fuß optisch. Nur wirklich reiche Menschen konnten sich im Mittelalter solche Schuhe leisten und auf großem Fuß leben.

Ins Fettnäpfchen treten

Das Fettnäpfchen stand früher in Bauernhäusern zwischen der Wohnstube und der Haustür, damit man bei der Heimkehr seine Schuhe sofort reinigen und mit Fett einschmieren konnte, um das Leder zu schützen. Wer unbedacht das Haus betrat oder zu ungestüm durch die Wohnung rannte, konnte das Schuhpflegeset leicht umstoßen. Die Folgen waren Fettflecken auf dem Dielenboden und Ärger mit der Hausfrau. Wer heute ins Fettnäpfchen tritt, benimmt sich daneben oder hat es sich mit jemandem wegen eines unbedachten Wortes verdorben.

Jemandem etwas anhängen

Ursprung der Redensart ist eine üble Sitte: Man hat im Mittelalter Menschen, die zu Recht oder Unrecht einer Straftat beschuldigt wurden, öffentlich und für alle sichtbar mit Zetteln oder Zeichen gekennzeichnet – man hat ihnen etwas angehängt. Der schreckliche Brauch hielt sich bis in die Nazizeit, in der Juden mit einem gelben Stern gebrandmarkt wurden. Wer sich »mit einem Juden einließ«, bekam einen Zettel umgehängt und wurde zum Vergnügen des Pöbels an den Pranger gestellt.

Blaumachen

Wenn man einen über den Durst getrunken hat, kommt man am nächsten Tag nur schwer aus den Federn. Da ist die Versuchung groß, einfach den Chef anzurufen und blauzumachen. Auch im Mittelalter war Alkohol im Spiel, wenn man blaugemacht hat. Die Färber bekamen nämlich jede Menge Bier zu trinken, damit man die Lauge für die Farbe Blau ansetzen konnte. Denn ohne den scharfen Urin der Männer und den darin enthaltenen Harnstoff hätten die Tücher und Textilien die Farbe nicht angenommen. Damit das Blau richtig einziehen konnte, mussten die Stoffe einen ganzen Tag lang in der Lauge liegen bleiben, und die Färber hatten frei. Sie konnten getrost im Bett bleiben und blaumachen.

Ein Blatt vor den Mund nehmen

Wer von der Theaterbühne aus unangenehme Wahrheiten verkündete und Kritik übte, konnte im Mittelalter leicht Ärger mit den Herrschenden bekommen. Doch die Bühne war trotzdem ein Ort der Freiheit, denn die Schauspieler durften sich ein Blatt vor das Gesicht halten. So konnte sie niemand erkennen, und sie konnten gefahrlos sagen, was sie loswerden wollten, ohne später eine Bestrafung befürchten zu müssen. Wer heute ein Blatt vor den Mund nimmt, spricht nicht wirklich aus, was er denkt. Früher war das genau umgekehrt!

Etwas aus dem Ärmel schütteln

Ohne Anstrengung ist das Ziel erreicht: Man hat sich einfach alles aus dem Ärmel geschüttelt! Für die Bettelmönche des frühen Mittelalters war das kein Problem. In den weiten Ärmeln ihrer Kutten konnten sie jede Menge verstecken und sammeln: Brot, Obst, Geld und andere Spenden. Wenn sie dann ins Kloster zurückgekehrt waren, brauchten sie nur die Ärmel zu schütteln, und schon fiel die erbettelte Beute heraus.

Keinen Deut wert sein

Einst wurde der Deut, die mittelalterliche Münze, aus Silber gegossen und war jede Menge wert. Doch dann wurde im Laufe des Mittelalters immer weniger Silber bei der Prägung verarbeitet: Bis das Geldstück irgendwann »keinen Deut mehr wert« war. Mitte des 16. Jahrhunderts bestand ein Deut nur noch aus billigem Kupfer und hatte damit endgültig seine einstige Zahlungskraft eingebüßt.

Auf die hohe Kante legen

Im Mittelalter ging man mit seinem Geld und all den anderen Reichtümern ins Bett, um es während der Nacht vor dem Zugriff von Dieben zu schützen. Wer wie reiche

Bauern und Adelige ausgesorgt hatte, der schlief hinter zugezogenen Gardinen in einer Art kuscheligem Bettkasten. Auf einer Holzkante, die das eigentliche Ruhebett eingerahmt hat, stapelte man oben über dem Bett all die wertvollen Goldmünzen – man legte sie quasi auf die hohe Kante. Am Fußende des Bettes waren noch Staumöglichkeiten für wertvolle Wäsche, Schmuck, Silberbesteck und all die anderen Kostbarkeiten. Deshalb sagt man über eine reiche Frau noch heute: »Die hat was an den Füßen.«

Die Tafel aufheben

Im Mittelalter waren die Esstische an den Fürstenhöfen oft recht flexible Möbelstücke. Diener beluden die Tafel in der Schlossküche mit allerlei Köstlichkeiten und trugen dann das Essen wie auf einem übergroßen Serviertablett direkt in den Speisesaal. Dort wurde die Tischplatte dann auf Holzböcke gelegt. Wenn die Herrschaften satt waren, trug die Dienerschaft die ganze Platte mit all den Speiseresten und dem schmutzigen Geschirr einfach wieder aus dem Saal – sie hoben die Tafel auf.

Eine Burg war im Mittelalter nicht nur durch die massive Burgmauer geschützt: Der Wassergraben spielte bei der Verteidigung eine sehr wichtige Rolle und war meistens nur schwer zu überwinden. Wenn die Gegner es schafften, den Wassergraben trockenzulegen, war die Belagerung schon so gut wie gewonnen. Es stand dann schlecht um die Burgherren, denn ihre Festung war nun leicht einzunehmen.

EINEN ZACKEN AUS DER KRONE BRECHEN

Auch die Welt der Aristokraten war im Mittelalter nicht immer ohne Probleme. Wer unter seinem Stand geheiratet hat, wurde vom Hochadel geschnitten. Um die Folgen der Schande auch äußerlich deutlich zu machen, durften Kinder aus einer solchen Beziehung nicht mehr alle Zacken in der Krone tragen. Sie wurden quasi im Adelsstand zurückgestuft. Wer sich heute einen Zacken aus der Krone bricht, gilt als arroganter Wichtigtuer, der sich für bestimmte Dinge zu fein ist.

Die Holzaugen waren drehbare Holzkugeln, welche in die Maueröffnungen und Schießscharten alter Burgen eingelassen waren. Wenn man diese Kugeln drehte, war zwar der Blick versperrt, aber Feinde konnten nicht durch die Öffnungen schießen. Da die Bewacher der Burgen für die Sicherheit der Bewohner zuständig waren, hieß es für sie, wachsam am Holzauge zu sein, also das Holzauge wachsam zu halten (siehe auch: »Ein Auge riskieren«, S. 56). Heute steht dieser Begriff auch dafür, mögliche Gefahren und Unannehmlichkeiten frühzeitig zu identifizieren und einfach wachsam zu bleiben, um keine bösen Überraschungen zu erleben.

JEMANDEN IN DEN SATTEL HEBEN

So mancher wird in den Sattel gehoben, das heißt, man verhilft ihm zu einer einflussreichen Stellung, ohne dass er Reiter- oder Pferdefreund wäre. Wenn man jemanden in den Sattel hebt, dann hilft man ihm, an die Macht zu kommen. Die Redewendung geht darauf zurück, dass man früher Reitern – etwa indem man aus den ineinandergefalteten Händen eine Art Steigbügel formte – in den Sattel aufs Pferd half. Wenn man also dem einen oder anderen etwas hilft, wodurch sein Ansehen verbessert wird oder er zu einem stärkeren Einfluss kommt, und der einen später nicht besonders beachtet, so ist man auch sein »Steigbügelhalter«.

Auf Heller und Pfennig

Wenn jemand etwas auf Heller und Pfennig bezahlt, dann begleicht er seine Rechnung vollständig. Der Heller geht auf die früher freie Reichsstadt Schwäbisch Hall zurück, wo der sogenannte Heller – ein Silberling – geprägt wurde. Der Heller hatte als Zahlungsmittel in fast ganz Europa eine hohe Akzeptanz.

9. KAPITEL
Aus Sport und Spiel

Sportler und Spieler leben seit jeher in ihrer eigenen Welt, in der auch heute noch ganz bestimmte Regeln gelten und eine eigene Sprache gesprochen wird. Oft weiß nur der Mitspieler, was sein Gegenüber meint. Wie ein Geheimcode ziehen sich Begriffe und Redensarten durchs Spielermilieu, werden nur am Skattisch oder im Boxring verstanden und schlagen sich dann doch irgendwie durch ins bürgerliche Leben. Wir reden heute häufig wie Schauspieler im Mittelalter, Boxtrainer und Kartenspieler, ohne es zu ahnen.

* * *

UNTER DER GÜRTELLINIE

Ein Angriff unter die Gürtellinie ist extrem unfair, verstößt gegen alle Regeln und wird auch von Außenstehenden mit Verachtung gestraft. Im Boxsport sind auch heute noch Schläge unter die Gürtellinie verboten. Denn dort befinden sich die besonders empfindlichen Körperteile des Mannes, die unter gar keinen Umständen verletzt werden dürfen. Schlägt der Gegner dennoch unter die Gürtellinie, wird er disqualifiziert oder bestraft. Der Begriff aus dem Boxsport hat sich im Alltag längst durchgesetzt.

DAS HANDTUCH WERFEN

Wenn ein Boxer chancenlos durch den Ring torkelt, die Runde kaum mehr überstehen kann und ernsthafte Sorge um seine Gesundheit besteht, kann sein Begleiter ein Handtuch in den Ring werfen: Wir geben auf, der Kampf ist verloren! Genau das bedeutet der Spruch auch außerhalb des Boxrings. Wer das Handtuch wirft, gibt sich geschlagen.

DIE OBERHAND GEWINNEN

Nur der Stärkere (oder Intelligenteste) kann auf Dauer die Oberhand gewinnen und sich durchsetzen. Der Begriff kommt aus dem Ringsport: Wenn zwei Ringer gegeneinander kämpften, bis einer am Boden lag, blieb der der Sieger, der den Gegner mit der Hand auf die Matte drücken konnte. Er bchielt im Wettkampf sozusagen die Oberhand. Im Mittelhochdeutschen heißt »obere hant« Übermacht oder Sieg.

Beim Skat gibt ein Spieler seinem Gegner lauthals »Kontra«. Damit signalisiert der Herausforderer: Ich habe so gute Karten, dass ich auf Sieg setze und das sogar offen ankündige. Wenn der siegessichere Spieler gewinnt, zählen seine Punkte doppelt. Verliert er, wird den Gegnern die vierfache Punktzahl gutgeschrieben. Man muss sich schon sehr sicher sein, wenn man jemandem Kontra gibt. Umgangssprachlich bezeichnet der Ausspruch eine heftige Widerrede. Contra kommt aus dem Lateinischen und heißt »gegen«.

Aus dem Schneider sein

Jeder Skatspieler kennt den Begriff: Wer 30 Punkte erspielt hat, hat wenigstens die Mindestpunktzahl erreicht und ist damit aus dem Schneider. Doch was hat der Berufsstand des Schneiders mit der ganzen Sache zu tun? Früher verdienten Schneider sehr wenig. Sie waren das sprichwörtlich »arme Schneiderlein«, litten Hunger und waren deshalb oft Leichtgewichte, die nicht viel auf die Waage brachten. Trotzdem: Man sagte, dass selbst das dünnste Schneiderlein mindestens 30 Lot wog. Daher die Zahl 30. Wem man heute nachsagt, er sei aus dem Schneider, der hat es demnach gerade so geschafft, dem Elend zu entgehen.

Jemandem Paroli bieten

Wenn Kartenspieler im 18. Jahrhundert dem Gegner beim Pharo-Spiel, einem der beliebtesten Kartenspiele der damaligen Zeit, »Paroli« zuriefen, ging es um die Verdoppelung des Einsatzes. Das Wort kommt ursprünglich aus dem Italienischen: »parolo« heißt verdoppeln, im Gegensatz zu »pari« (das Gleiche noch einmal). Bietet man heute jemandem Paroli, dann tritt man diesem Menschen energisch entgegen und lässt sich nicht so schnell einschüchtern.

Va banque spielen

Setzt jemand beim Roulette seinen gesamten Einsatz auf die 17 (oder irgendeine andere Zahl), riskiert er alles! Der Begriff »va banque« kommt aus dem Französischen und bedeutet übersetzt: »Es geht um die Bank!« Wer so spielt (oder lebt), ist leichtsinnig und gefährdet seine Existenz. Genau in diesem Zusammenhang wird der Ausspruch heute auch benutzt: Va banque spielen kann man bei 260 Stundenkilometern auf der Autobahn, wenn man exotische Aktien kauft oder bei einer geschäftlichen Investition alles auf eine Karte setzt, ohne Sicherheiten zu haben.

In die Zwickmühle geraten

Das ist eine verdammt schwierige Situation, aus der es für den Gegenspieler kaum ein Entrinnen gibt. Im Mühle-Spiel gibt es einen Zug, mit dem man eine Mühle öffnen und gleichzeitig eine andere schließen kann. Diese Stellung nennt man Zwickmühle. Wer im wirklichen Leben in eine Zwickmühle gerät, findet kaum eine Lösung für sein Problem und schwankt zwischen zwei eigentlich chancenlosen Möglichkeiten. Egal, für welchen Weg man sich entscheidet, es ist wahrscheinlich der falsche. Im Gegensatz zum Schachmatt hat man jedoch nicht sofort verloren!

Die Rollen tauschen

Im 16. Jahrhundert wurden die Texte von Schauspielern festgeschrieben und einzelnen Personen zugeteilt. Die Darsteller bekamen bei den Proben richtige Schriftrollen in die Hand und mussten aufsagen, was dort geschrieben stand. Wenn ein Schauspieler ausfiel, wurde sein Part von einem anderen Darsteller übernommen: Zu diesem Zweck wurden einfach die (Schrift-)Rollen getauscht.

Vielleicht spielte es ja »keine Rolle«, wer gerade den Text verlas? Wenn heute etwas keine Rolle (mehr) spielt, ist es ohne Bedeutung. Wer die Rolle tauscht, redet dagegen plötzlich nicht mehr wie er selbst, sondern argumentiert eigenartigerweise völlig konträr: vielleicht wie der Chef, der Parteigegner oder der Anwalt der Gegenseite. Alles etwas verwirrend – so wie auf einer Bühne (des Lebens) eben!

DRAHTZIEHER

Es gibt Personen, die haben immer alle Fäden in der Hand: Sie sind richtige Drahtzieher. Sie kontrollieren Menschen, stellen Verbindungen innerhalb der Gesellschaft her und manipulieren im Hintergrund heimlich, still und leise, wer mit wem welche Geschäfte tätigt. Der Begriff ist heute eher negativ besetzt. Früher dagegen waren Drahtzieher ehrenwerte Menschen, die hinter der Bühne die Fäden in der Hand hielten: Sie bewegten die Kulissen oder ließen als Marionettenspieler die Puppen tanzen.

SPIEGELFECHTEREI

Schon im 16. Jahrhundert übten Fechter ihre Angriffe vor dem Spiegel, um ohne Verletzungsgefahr trainieren zu können und ihre Körperhaltung zu kontrollieren. Sie simulierten dabei einen Gegner, der nicht gefährlich werden konnte – denn es handelte sich ja nur um das eigene Spiegelbild. Der Scheinkampf vor dem Spiegel galt als Training. Heute versteht man unter dem Begriff einen Schwindel. Da ist jemand, der etwas vortäuscht, unehrlich argumentiert und Ausflüchte macht. Spiegelfechterei wird als unehrenhaft angesehen und hat heute mit Sport nichts mehr zu tun.

10. Kapitel
Gaunerslang, Studentendeutsch und andere Sprachen

Es gibt heute Eltern, die verstehen nicht, worüber ihre Kinder reden: Da ist eine Sache »voll fett«, der Lehrer ein »cooler Hänger«, und selbst der heißeste Sommer ist »megacool«. Geheimsprachen sind keine Erfindung der Computergeneration: Gauner nutzten schon im 13. Jahrhundert »Rotwelsch«, was übersetzt so viel wie »betrügerische Rede« bedeutet und eine Geheimsprache ist. Aus der Gaunersprache kommt auch die Wendung »Kauderwelsch sprechen«. Das bedeutet unverständliches Zeug reden. Kein Wunder, denn der brave Bürger konnte und sollte im Mittelalter nicht verstehen, worüber sich Diebe, Bettler und Betrüger unterhielten.

Auch Studenten, Soldaten und Juden pflegten über Jahrhunderte hinweg ihre eigene Sprache, um sich vom Bürgertum abzugrenzen oder gerade weil sie von anderen ausgegrenzt wurden. Die Besonderheiten des jeweiligen Jargons erklären sich aus der sozialen Schicht. So nutzten die Studenten im 16. und 17. Jahrhundert lateinische oder französische Begriffe, spielten mit den Worten dieser Bildungssprachen und kreierten witzige Wortschöpfungen wie Spiritus Kornus für Branntwein, Luftikus für einen Leichtsinnigen oder Schwachmatikus für einen Dummkopf. Verballhornungen mit Hilfe der lateinischen Sprache waren besonders beliebt.

Das Jiddische hingegen geht auf slawische und mittelhochdeutsche Sprachwurzeln zurück und enthält natürlich auch viele hebräische und aramäische Elemente. Abwertende Begriffe wie Mischpoke für Verwandtschaft, Tacheles für unverblümte Wahrheit und Tinnef für nutzloses Zeug gehören heute wie selbstverständlich zu unserem aktiven Wortschatz: Der jiddische Ursprung ist dabei nur wenigen Menschen bewusst.

* * *

Einen Kater haben

In den Burschenschaften der Studenten wurde früher gern und viel gefeiert und getrunken. Und wenn man zu viel Alkohol trinkt, geht es dem Zecher am nächsten Tag dreckig: Er hat einen Kater! Doch das arme Tier hat mit den Kopfschmerzen nichts zu tun. Die Redensart stammt aus der Studentensprache und ist eine phantasievolle Verballhornung des medizinischen Begriffs »Katarrh« – denn so ähnlich wie ein Katarrh fühlt sich ein Kater ja am nächsten Morgen an. Einen intus haben, also angetrunken sein, kommt übrigens vom lateinischen »intus« für »innen«: in diesem Fall im Bauch des Zechers!

In Schwulitäten stecken

Wer bei dem Begriff an Homosexualität denkt, irrt gewaltig. Diese Schwulitäten gehen auf das altdeutsche Wort »schwül« zurück, das so viel wie ängstlich bedeutet. Die Studenten im 18. Jahrhundert haben daraus einfach ein Substantiv geformt, indem sie aus dem Latein die Wortendung »-ität« entliehen haben. In Schwulitäten stecken Menschen, die irgendwie in Verlegenheit oder Bedrängnis geraten sind. Und wenn das passiert, ist man meistens auch ein wenig ängstlich.

Eine Standpauke halten

Darunter versteht man eine Strafpredigt, in der Fehler laut und deutlich (und oft sogar vor Publikum) angeprangert werden. In den Burschenschaften mussten die beklagten Studenten stehend die Kritik über sich ergehen lassen. Man sprach auch von einer Standrede. Hatte der Schuldner etwas besonders Übles ausgefressen, wurde jeder Vorwurf von einem lauten Paukenschlag begleitet.

Kohldampf schieben

Wer aufs Betteln und auf kleine Gaunereien angewiesen ist, um seinen kargen Lebensunterhalt zu fristen, der musste im Mittelalter oft Hunger leiden. Noch heute redet man vom Kohldampfschieben, wenn es über längere Zeit wenig zu essen gibt – wie zum Beispiel bei einer Diät. Das alte Wort aus der Gaunersprache setzt sich aus zwei Wörtern zusammen, die ein und dasselbe bedeuten: Hunger! Aus »Kol« und »Dampf« ist im Laufe der Jahrhunderte Kohldampf geworden.

DIE PLATTE PUTZEN

Mit der Reinigung von Gehwegplatten oder Tellern hat die Redewendung nichts zu tun: Es geht um die Flucht! Bei den Gaunern hieß wegrennen »p'lat« und auseinanderrennen »puz«. Wenn eine Gaunerbande auf frischer Tat erwischt wurde, rannte man auseinander, so schnell es eben ging: Man hat die Platte geputzt. Der Begriff »auf Platte« oder »Platte machen« kommt heute in der Obdachlosensprache vor und bedeutet: auf der Straße leben. Die Redewendung leitet sich nicht aus der alten Gaunersprache, sondern vom Schlafen im Freien auf ebener Erde ab.

EINE MACKE HABEN

Man glaubte früher, wer verrückt oder geistig verwirrt ist, der habe einen Hieb auf den Kopf bekommen. Es gibt ja auch heute noch die Redensart: »Der hat ja einen Hieb!« Der Begriff »Macke« bedeutete »Schlag« und ist erstmals im Mittelalter in der Gaunersprache aufgetaucht. Hat heute jemand eine Macke, gilt derjenige als eigenartig und vielleicht ein bisschen schrullig. Die Redewendung wird eher verständnisvoll statt böse angewandt: Für ernsthaft geistig erkrankt hält man jemanden, der eine Macke hat, heute nicht mehr.

Jemandem den Rest geben

Man richtet jemanden zugrunde, wenn man ihm nach heutigem Sprachgebrauch den Rest gibt. Die Redewendung steht für die grausame Zerstörung eines Menschen. Dagegen ist der Ursprung eher harmlos: Der Ausspruch stammt aus der Gauner- und Säufersprache und meint ursprünglich: jemanden betrunken machen. Es ist vom letzten Glas (Rest) die Rede, das vor dem Vollrausch gelehrt wird.

Reibach machen

Das Wort »Rebbach« stand in der Berliner Gaunersprache des frühen 19. Jahrhunderts für Gewinn. Mit der Zeit ist daraus der »Reibach« geworden, den man machen kann, wenn man alle – auch unlautere – Mittel einsetzt, um einen relativ hohen Gewinn zu erzielen und an Geld zu kommen. Reibach steht noch heute für einen Verdienst, den man nicht mit rechten Mitteln erzielt hat.

Schmiere stehen

Einer begeht die Tat, der andere steht Schmiere: Er passt auf, dass die Polizei die Gaunerei nicht entdeckt und die ganze Sache auffliegt. Obwohl die Redensart ganz eindeutig zur Gaunersprache gehört, hat sie doch jiddische Wurzeln: »schmire« oder »schmiro« heißt Wache.

Schmu machen

Auch das Wort »Schmu« gehört eindeutig zur Gaunersprache, obwohl der Ursprung des Begriffs aus dem Jiddischen kommt und auf »schmueß« zurückgeht. Das bedeutet so viel wie »Unterhaltung« und erklärt sich leicht, wenn man einem orientalischen Verkaufsgespräch lauscht. Der Händler auf dem Basar preist seine Ware überschwenglich an, lobt den günstigen Preis und will dabei den Kunden nur mit blumigen Worten einwickeln. Der Verkäufer plant keinen wirklich schlimmen Betrug: Es wird allenfalls ein bisschen geschummelt. Schmu steht für den kleinen Betrug, der mit viel Entertainment und orientalischem Palaver einhergeht.

Moos haben

Wer viel Moos hat, ist richtig reich. Die Studenten in den Burschenschaften haben das Wort populär gemacht, doch der Ursprung liegt im hebräischen Wort »maoth«, was »kleine Münzen« bedeutet. Daraus wurde im Jiddischen »moos«. Wenn es ums Geld geht, überschneiden sich die Geheimsprachen häufig: In der Gaunersprache hieß Geld »mesz«. Die Ähnlichkeit der Begriffe ist unverkennbar, die Aussprache nahezu identisch.

Etwas ist nicht ganz koscher

Da stimmt etwas nicht, wenn man sagt, es sei nicht ganz koscher. Man hat zwar einen Verdacht, kann sein Misstrauen jedoch nicht richtig beweisen. Ist die Sorge berechtigt? Die jüdischen Speisegesetze sind streng. Das Essen muss koscher sein, das heißt neben anderen Regeln eine strenge Trennung von Milch- und Fleischprodukten. Koschere Speisen sind nur nach bestimmten Zubereitungsarten für den Verzehr geeignet. Doch wie will man die Einhaltung dieser Regeln beweisen, wenn die Speise schon fertig auf dem Tisch steht? Das Wort koscher stammt aus dem Hebräischen und bedeutet »zum Verzehr erlaubt«. Da der Nachweis bei Tisch nicht leicht zu erbringen ist, kann der Verdacht aufkommen, dass in der Küche etwas nicht koscher gelaufen ist.

Im Schlamassel stecken

Im Schlamassel steckt niemand gern. Denn dann hat derjenige ein schwerwiegendes Problem, das nicht so ohne weiteres aus der Welt zu schaffen ist. Hinter dem Begriff Schlamassel verbirgt sich das jiddische Wort für Schicksal: »massel«. Viel älter ist die Ableitung aus dem hebräischen »masol«. Wie dem auch sei: Wer in Schlamassel gerät oder schon in ihm sitzt und nicht wieder herauskommt, der ist in arger Bedrängnis und braucht jemanden, der ihn wieder aus dem Schlamassel herausreißt.

Es zieht wie Hechtsuppe

Wer im Durchzug sitzt, sagt oft mit vorwurfsvollem Ton: »Hier zieht es ja wie Hechtsuppe!« Doch was hat der Fisch mit der Zugluft zu tun? Nichts! Die Redewendung stammt ursprünglich aus dem Jiddischen und leitet sich aus den beiden Worten »hech supha« ab, was so viel wie »starker Wind« bedeutet.

Mit allen Schikanen

Im 17. Jahrhundert war alles chic, was aus Frankreich kam: die Mode, das Parfüm, die Speisen und vor allem die Sprache. Doch die französische Sprache ist für deutsche Zungen nicht so leicht auszusprechen: Deshalb wurden die Worte gnadenlos eingedeutscht, verdreht und dabei oft sinnentstellt. Der Begriff »Schikane« ist auf »chicane« zurückzuführen, was Spitzfindigkeit oder Kniff bedeutet. Wenn wir heute von allen Schikanen reden, bleiben keine Wünsche offen. Der Begriff steht für Raffinesse und Perfektion. Ein festliches Dinner kann beispielsweise mit allen Schikanen zubereitet sein. Und wenn man dann noch vis-à-vis einer schönen Frau sitzt, was so viel wie »von Gesicht zu Gesicht« bedeutet, fehlt nichts zum Glück.

Für die Entfremdung der französischen Sprache gibt es in Redewendungen viele Beispiele. So wird aus »Visitez ma tente« (komm in mein Zelt) das Wort »Fisimatenten«. Der Begriff soll aus der Zeit der französischen Besatzungsmächte im preußischen Berlin stammen. Es sei die Aufforderung der Offiziere an deutsche Mädchen zu einem Tête-à-Tête (Kopf an Kopf) gewesen – was meistens auf der Matratze der charmanten französischen Soldaten stattgefunden hat. So hieß die Warnung besorgter Mütter: »Mach bloß keine Fisimatenten …!« Sprachwissenschaftler sind sich über den Ursprung dieser Redensart nicht so sicher – aber das Volk liebt diese Erklärung.

Etwas auf einen Nenner bringen

Damit ist alles klar: Man ist sich wieder einig! Wenn man etwas auf einen gemeinsamen Nenner gebracht hat, ist die volle Übereinstimmung erzielt. Die Redensart kommt aus der Mathematik. Mit dem Nenner ist die Zahl unterm Bruchstrich gemeint. Ungleichnamige Brüche hat man auf einen gemeinsamen Nenner gebracht und so Einheit und Ordnung geschaffen.

Aus der Schule plaudern

Wissen ist Macht: Wird geheimes Wissen ausgeplaudert, kommt es einem Verrat gleich. Die Öffentlichkeit erfährt etwas, was nicht für die Ohren der Allgemeinheit bestimmt war. Mit »Schule« sind hier nicht etwa unsere heutigen Bildungseinrichtungen gemeint. Der Begriff kommt vielmehr aus einer Zeit, in der sich Philosophen, Mathematiker und Künstler zu exklusiven Kreisen zusammengeschlossen hatten, um ihren Wissensvorsprung zu diskutieren. Mitglieder der Geheimzirkel (Schulen) wurden zu absolutem Stillschweigen verurteilt. Wer aus der Schule geplaudert und damit Geheimwissen verraten hat, wurde zur Strafe aus dem erlesenen Kreis der Gelehrten ausgeschlossen.

Etwas im Urin haben

Wer von sich sagt, dass er »etwas im Urin hat« bzw. spürt, der glaubt, eine Entwicklung oder eine Begebenheit vorherzuahnen. »Ich hab's im Urin, dass die Firma bald geschlossen wird« oder »Ich hab's im Urin, dass es heute Abend regnet«; dies sind solche Redewendungen, welche umgangssprachlich zum Ausdruck bringen, dass man etwas intuitiv spürt bzw. erkennt.

Etwas steht in den Sternen

Schon früh meinten die Menschen, dass man anhand der Stellung der Sterne die Zukunft voraussagen könnte. Die Interpretation des Standes der Gestirne durch die Astrologen hat sich aus diesem Volksglauben herausentwickelt. Weil man nicht alles genau deuten kann, was in den Sternen steht, wird die Redewendung allgemein dazu benützt, Unklarheiten oder Ereignisse, die noch nicht fest geplant werden können, zu umschreiben.

Einen Knick in der Optik (im Auge) haben

Wer einen Knick im Auge und damit in seiner Optik hat, der sieht nicht gerade, sondern um die Ecke: Er schielt. In der Umgangssprache wird daraus die Einsicht, dass jemand gerade nicht richtig aufgepasst hat, über etwas stolpert oder sonst wie unachtsam war.

ETWAS LESEN

Ja, während Sie diese Zeilen lesen, machen Sie eigentlich
etwas ganz Selbstverständliches, nämlich einen Text erfassen; und doch hat das Wort »lesen« ursprünglich eine
andere Bedeutung. Zunächst bedeutete lesen etwas vom
Boden auflesen. Doch das lateinische Wort, das für »auflesen« steht – legere –, bedeutet eben auch eine Schrift
lesen. Und so kam das Wort zu seiner heutigen Bedeutung, und keiner denkt heute mehr daran, dass er Buchstaben mit den Augen aufliest.

PALAVER

»Das war wieder ein unsägliches Palaver«, sagt der Jung-
manager, wenn er frustriert aus dem wieder einmal viel
zu langen Meeting kommt. Ursprünglich kommt das
Wort vom portugiesischen »palavreado« bzw. »palavra«
(was weiblich und männlich für »Wort« steht) bzw. aus
dem Lateinischen »parabole«, was ursprünglich »neben-
einanderwerfen« bedeutete. Im Griechischen hieß »pa-
raballein« so viel wie »danebenwerfen, vergleichen«.
Irgendwann sind all die Wörter im Neuenglischen zu
Palaver geworden. Es wird angenommen, dass sich die
Sprachwendung bei den portugiesischen Seefahrern ent-
wickelte, um damit die oft schwierigen und vor allem
langwierigen Verhandlungen mit Eingeborenen in Afri-
ka zu beschreiben.

Ja, wenn man endlich zu Potte kommen will oder jemand auffordert, dass er endlich zu Potte kommt, dann wird man ungeduldig und erwartet, dass eine Sache nun abgeschlossen, eine Präsentation vorgelegt wird. Mit dem Pott ist eigentlich das heute nicht mehr übliche Nachtgeschirr gemeint. Und zu Potte kommen stand dafür, endlich sein Geschäft zu verrichten, nämlich seinen Stuhlgang auf dem Pott – nämlich dem Nachttopf – zu verrichten.

Inklusive

»All inclusive«, das ist heute angesagt. Viele Menschen wollen Urlaub machen, und alles muss »all inclusive« sein: Getränke, Essen, Spaß und Spiel – alles ist im Preis inbegriffen. Oft denken die Leute nicht daran, dass sie das Ganze ja trotzdem teuer bezahlen. Inklusive geht auf das lateinische »includere« bzw. »inclusum« zurück, was so viel wie »einschließen, eingeschlossen sein« bedeutet.

Wenn etwas klipp und klar ist, dann ist es eindeutig: Es passt einfach alles. Die Redewendung ist schon für das 18. Jahrhundert nachgewiesen und wohl aus dem Niederdeutschen ins Hochdeutsche übernommen worden. Klipp bedeutet im Niederdeutschen nämlich passend. Wenn die Mühle also klipp, klapp macht, dann passt ein Zahnrad in das andere. Und wenn bei uns etwas klipp und klar ist, dann sind alle Fakten ausgetauscht, alles passt einfach.

IN DEN KNAST KOMMEN

Es gibt wohl keinen Fernsehkrimi, in dem nicht ein- oder zweimal das Wort »Knast« fällt. Entweder kommt jemand in den Knast oder er wird aus dem Knast entlassen. »Knast« steht für Gefängnis. Es wird angenommen, dass das Wort auf das jiddische »knas« zurückgeht, was so viel wie Geldstrafe bedeutet. Dieses Wort gelangte dann in die Gaunersprache. Wenn jemand Knast schiebt – also im Gefängnis sitzt –, dann geht das Schieben wohl auf den rotwelschen Begriff der Wandersleute »schäften« zurück, was »machen« bedeutet.

11. Kapitel
Tierische Sprüche und weitere Worte aus dem Tierreich

Tiere sind immer authentisch, ihr Verhalten wird von einer entwaffnenden Unschuld begleitet. Sie sind wild, sie sind frei und von beneidenswerter Natürlichkeit: ohne Zwänge und Regeln. Ein Affe würde sich auch lausen, wenn Queen Elisabeth von England vor dem Käfig steht. Was stört das Tier schon eine Königin, wenn's am Hinterteil juckt …? Für so manchen menschlichen Betrachter mag es eine Affenschande sein, wie Tiere sich manchmal benehmen. Sind sie nicht peinlich? Andere wieder schauen beinahe ein wenig neidisch auf dieses scheinbar wilde Dasein.

Der Mensch hat das Tier von jeher in seinem natürlichen Umfeld beobachtet, Stärke und Schnelligkeit bewundert, ungestümes Verhalten gefürchtet und schließlich die tierischen Eigenschaften in Redewendungen aufgegriffen und auf Menschen übertragen. Da ist jemand lammfromm, stumm wie ein Fisch, dumm wie ein Schaf oder stark wie ein Bär. Und so findet man viele Redewendungen, die uns ins Reich der Tiere führen.

* * *

DER AFFE – ER MACHT,
WAS ER WILL

Sie kratzen und kraulen sich gegenseitig, kleckern beim Fressen, rülpsen, pupsen, spucken und gähnen, wenn ihnen danach zumute ist. Ansonsten turnen sie von Ast zu Ast, sind ungestüm und halten den Menschen mit ihrem Verhalten manchmal sogar den Spiegel vor.

Wir reden von affenartiger Geschwindigkeit, wenn etwas richtig schnell geht. Wie bei den Affen: Sie sind flink, flitzen durch die Gegend, und eh man sich's versieht, sind sie schon wieder auf dem Baum.

Menschen beobachten ihre wilden Verwandten gern, und manchmal erkennt man sich sogar selbst ein wenig wieder. Als Mensch ist man allerdings an gewisse gesellschaftliche Normen gebunden. Und es ist eine Affenschande, wenn man sich nicht benehmen kann und sich wie eine Horde wilder Affen verhält.

Wer ganz und gar die Kontrolle über sich verloren hat, ist sicher vom wilden Affen gebissen worden. Wie sonst lässt sich sein ausgelassenes, unkonventionelles Benehmen erklären?

Wer völlig ausflippt und abdreht, hat seinem Affen Zucker gegeben. Der Ausdruck geht auf die Leierkastenmänner zurück, die Anfang des 19. Jahrhunderts mit kleinen Meerkatzen unterwegs waren, Musik machten und um Geld bettelten. Die Tiere waren auf dem Leierkasten angekettet. Für ein Stückchen Zucker machten sie Kunststücke und brachten die Umstehenden so zum Lachen. Die umherziehenden Schausteller trainierten den gelehrigen Tieren allerlei an, um das Publikum zu unterhalten und zu erheitern. So ließen sie den Affen auf der Schulter zahlender Zuschauer sitzen. Der Affe tat dann so, als ob er bei dem Menschen wie bei einem Artgenossen Läuse suchen würde. Wer heute sagt: »Ich glaub, mich laust ein Affe«, ist erstaunt und verwundert – so wie die Zuschauer damals auf dem Jahrmarkt. Wer wie ein Affe auf dem Schleifstein sitzt, gibt ein komisches Bild ab. Gestern wie heute!

DER BÄR – ER IST STARK UND FAUL

Sie sind die größten Landraubtiere und wirken trotzdem wie niedliche Teddybären, die man am liebsten zum Kuscheln mit ins Bett nehmen möchte. Doch die unbändigen Bärenkräfte eines 800-Kilo-Kolosses sind nicht beherrschbar. Die Erfahrung machte auch der Gärtner in der Fabel vom »Bären und dem Gartenliebhaber«. In der Geschichte will der liebe Bär dem Menschen eine Fliege auf der Nase entfernen, damit sein Besitzer nicht von dem Insekt belästigt wird. Doch der Bär erschlägt nicht nur die Fliege: Mit einem Prankenschlag hat er seinen Herrn getötet und ihm damit einen Bärendienst erwiesen. Wenn uns jemand was Gutes tun will, dadurch aber alles nur noch schlimmer macht, geht es uns wie dem Gärtner.

Wenn der Bär steppt, ist dagegen jede Menge los. So wie früher, wenn der Zirkus und die Schausteller zum Jahrmarkt kamen und für Unterhaltung sorgten. Sie ließen die Tanzbären steppen, und wenn der Bär los war, kam endlich Leben in die oft abgeschiedenen Dörfer, in denen es sonst nicht viel Abwechslung gab. Die großen Tiere standen im Mittelpunkt der Darstellungen. Da musste man schon sehr blöd sein, wenn man von dem ganzen Trubel nichts mitbekam.

Wer sich gar einen Bären (auf den Rücken) aufbinden lässt und das nicht mitkriegt, kann nicht ganz bei Trost sein. Bären sind nicht nur stark: Sie gelten – wohl wegen ihrer Leibesfülle – auch als faul und träge.

Wer auf dem Bärenfell liegt, lässt andere für sich arbeiten. Diese Redewendung geht allerdings nicht auf das schlafende Tier, sondern auf die alten Germanen zurück. Die Römer hatten viele Vorurteile gegenüber den »Wilden« aus dem hohen Norden. Sie verbreiteten unter anderem das Gerücht, dass die Männer dieses ungehobelten Volkes den ganzen Tag nur auf dem Bärenfell liegen und nichts tun, während sie ihre Frauen arbeiten lassen. Wer weiß, vielleicht waren germanische Männer ja wirklich so lästig wie eine Laus im Pelz?

Das Lamm – es ist fromm und wird schnell zum schwarzen Schaf

Ihnen haftet eine gewisse Unschuld an: Lämmer gelten als fromm, lieb und leider auch als verdammt dumm. Sie sind als Herdentiere leicht zu verführen, verlaufen sich ständig und müssen dann von treusorgenden Hirten gerettet werden (jedenfalls in der Bibel). Außerdem sind sie auch heute noch in vielen Kulturen das Opfertier schlechthin und werden wie ein Lamm zur Schlachtbank geführt. Wird dieser Satz auf einen Menschen angewandt, bedeutet das: Er ist unschuldig wie ein Lamm, völlig ohne Arg, kann sich nicht verteidigen und wird trotzdem vor den Augen aller geopfert, ohne dass sich jemand zu seiner Verteidigung findet.

Ist aus dem sanften Lamm erst ein Schaf geworden, ist das unschuldige, schicksalhafte Image noch lange nicht verflogen. Schlimmer ist es jedoch, ein schwarzes Schaf zu sein: Dann ist man als totaler Außenseiter verschrien, fällt immer unangenehm auf, und niemand will etwas mit einem zu tun haben. In der Schafzucht gelten schwarze oder gefleckte Schafe auch heute noch als minderwertig, da man aus ihnen keine weiße Wolle gewinnen kann.

Erst der Wolf im Schafspelz flößt den Menschen dann wieder Respekt ein. Denn dort unter dem Schafspelz lauert das Böse in der Verkleidung des Guten – wenn man es bemerkt, ist es oft schon zu spät.

Nur wer seine Schäfchen im Trockenen hat, kann gelassen sein: Der hat sich alle Vorteile gesichert. Der Begriff kommt ebenfalls aus der Schafzucht: Früher galt es, die Tiere auf höher gelegene Weiden ins Trockene zu treiben, um sie von den Sümpfen fernzuhalten. Denn dort lauerten Krankheiten für die Tiere und damit empfindliche Verluste für den Hirten.

DER BOCK – ER IST STÖRRISCH UND KEIN GUTER GÄRTNER

Wenn Kinder bockig sind, hilft oft nichts: Trotzig widersetzen sie sich den Ratschlägen der Eltern und benehmen sich dabei wie störrische Böckchen. Wie die ungehobelten Vierbeiner wollen auch die Kinder mit dem Kopf durch die Wand (oder wenigstens dagegen). Wenn die lieben Kleinen hingegen auf etwas Bock haben, sind sie nicht zu bremsen. Dann machen sie, was ihnen gerade in den Sinn kommt. Ganz ohne Anlass, nur aus Spaß an der Freude.

Böcke sind schwer zu zähmende Tiere. Wer gar einen Bock zum Gärtner macht, tut so ziemlich das Dümmste, was man sich vorstellen kann, und hat die falsche Wahl getroffen. Denn Ziegenböcke fressen nicht nur die Pflanzen ab, sie zertrampeln auch die Beete und hinterlassen totales Chaos. An Böcken lassen Redewendungen wirklich kein gutes Haar.

Wer einen Bock schießt, hat sich einen groben Fehler geleistet und steht wie der letzte Depp da. Der Begriff wurde im 17. Jahrhundert in den Schützengilden geprägt. Während der Schützenkönig den Vogel abgeschossen hat und auf den Schultern seiner Vereinskameraden im Triumph vom Festplatz getragen wurde, bekam der schlechteste Schütze als Trostpreis einen Bock.

Wer sich ins Bockshorn jagen lässt, ist eingeschüchtert und extrem verunsichert. Über den Ursprung dieser Redensart gibt es nur Vermutungen. Im Mittelalter wurden Menschen häufig in Tierfelle gesteckt und zur Schau gestellt. So hängte man Übeltätern im 15. Jahrhundert Ziegenfelle um und jagte sie aus dem Dorf. Aus dem Wort für Ziegenfell – bockes hamo – ist vielleicht im Laufe der Jahrzehnte das »Bockshorn« geworden.

DER HASE – ER IST FEIGE UND WEISS ANGEBLICH VON NICHTS

Hasen haben viele Feinde. Sie sind des Jägers fette Beute, und bei Gefahr hilft ihnen nur die Flucht. Wer als Hasenfuß beschimpft wird, gilt als Feigling, der sich schon aus dem Staub macht, bevor es richtig ernst wird. Dabei ist die schnelle Flucht für Hasen eine Überlebensgarantie.

Und den großen Verlusten durch Raubtiere und Jäger setzen die Mümmelmänner ein recht ausgeprägtes Sexualleben mit viel Nachwuchs entgegen. Sie müssen fruchtbar wie Karnickel sein, damit die Art überlebt.

Denn eh man sich's versieht, ist man tot, und schon liegt der Hase im Pfeffer. In Pfefferbrühe wurden nämlich Hasenbraten im Mittelalter eingelegt, um sie schmackhafter und länger haltbar zu machen. Und wenn der Hase erst im Pfeffer liegt, gibt es kein Zurück! Der Ausspruch ist oft mit großem Erstaunen verbunden und wird immer dann angewandt, wenn es eigentlich schon zu spät ist und man sich furchtbar geirrt hat.

Damit das nicht passiert, ist es gut, wenn jemand einem vorher zeigt, wo der Hase langläuft. Der Begriff kommt aus der Jägersprache. Nur ein erfahrener Waidmann lässt sich nicht durch die Taktik des Hasen und seine geschlagenen Haken beirren. Er weiß, dass das Tier auf der Flucht seltsame Wege einschlägt, um die Verfolger zu irritieren.

Hasen gelten gemeinhin nicht als besonders clever, doch die Redensart »Mein Name ist Hase – ich weiß von nichts« hat mit dem Tier nichts zu tun. Der Satz geht auf einen Herrn namens Hase zurück. Es handelte sich dabei um einen Heidelberger Jurastudenten, der einen Freund vor Gericht gedeckt hat, indem er eine Aussage mit den Worten verweigerte: »Mein Name ist Victor von Hase – ich weiß von nichts ...!« Der Freund hatte sich 1843 duelliert, seinen Rivalen erschossen und von Herrn Hase ein Alibi bekommen.

DAS PFERD – ES GEHT DURCH
UND LÄSST SICH NUR SCHWER STEHLEN

Seit Urzeiten ist das Pferd ein treuer Begleiter des Menschen: Es pflügte den Acker, zog mit seinem Herrn in den Krieg, wurde vor die Kutschen der Könige gespannt und in Notzeiten sogar verwurstet. Dabei ist das Fluchttier immer ein wenig unberechenbar geblieben. Auch zahme Pferde scheuen, gehen durch und treten aus. Dabei strotzen sie vor Kraft. Wer heute sagt, da bringen mich keine zehn Pferde hin, der ist für nichts auf der Welt zu etwas zu bewegen.

Früher konnten sich nur adelige Herrschaften, Ritter und reiche Bürger Pferde leisten. Für das einfache Volk saßen sie deshalb auf dem hohen Ross und thronten damit arrogant und abgehoben über allem. Genau diese Bedeutung hat der Ausspruch auch heute noch.

Ist man erst zu Fuß unterwegs, lernt man, ein Reittier zu schätzen, und gibt ein Königreich für ein Pferd. So der Ausruf des tragischen Shakespeare-Königs Richard III., als er, von den Truppen seiner Gegner geschlagen, über das Schlachtfeld irrte und rief: »A horse, my kingdom for a horse.«

Wer aufs falsche (oder richtige) Pferd setzt, hat verloren (oder eben gewonnen)! Der Begriff kommt in der Tat aus der Welt der Pferdewetten und erklärt sich von selbst. Wer nicht gewinnt, muss weiterarbeiten wie ein Pferd. Und Pferde haben früher wahrhaft Fronarbeit geleistet: In Bergwerken zogen Arbeitspferde unter Tage die Kohlewaggons. Sie sahen das Tageslicht nie wieder.

Das beste Pferd im Stall war dagegen eher etwas für die Parade. Werden Mitarbeiter heute so bezeichnet, will der Chef ein wenig schmeicheln und sie mit Komplimenten ködern. Also Vorsicht: Vielleicht steckt hinter dem Lob ja ein Pferdefuß? Dieser Begriff hat seinen Ursprung übrigens im Mittelalter. Damals hieß es, den Teufel erkenne man an seinem Pferdefuß.

Nur mit wirklich guten Typen kann man Pferde stehlen. Denn das ist gar nicht so einfach. Erstens werden die Tiere meistens gut bewacht, zweitens kann man leicht die Pferde scheu machen. Und dann ist wirklich Alarm angesagt, denn die sensiblen Fluchttiere geraten schon bei der kleinsten Kleinigkeit in Panik! Genau das sagt auch die Redewendung aus. Es gibt Menschen, die ohne wirklichen Grund völlig aufgeregt und nervös sind – wie wilde Pferde. Mit wem hingegen die Pferde durchgehen, der gilt als temperamentvoll, emotionsgeladen und ungestüm: Wie eine durch die Steppe galoppierende Herde lässt dieser Mensch seinen Gefühlen freien Lauf – oft zum Erstaunen anderer.

Die Katze –
im Sack will sie keiner kaufen

Sie sind verschmuste Kuscheltiere, aber auch sehr eigenständige, selbstbewusste Wesen. In jedem Stubentiger steckt immer auch ein kleines tierisch wildes Wesen. Und Frauchen reagiert entsetzt, wenn ihr Samtpfötchen eine Maus gefangen hat und das arme Nagetier erst noch ein bisschen quält, bevor es aufgefressen wird.

Wer mit jemandem Katz und Maus spielt, quält sein Gegenüber wie die Jägerin, die ihrer Beute zwischen den Samtpfötchen gnadenlos die Krallen zeigt. Aber die Katze lässt das Mausen nicht. Das Fangen von Nagetieren steht schlicht in ihrem genetischen Programm: Auch wenn sie schnurrend auf dem Sofa kuschelt, lauert doch ein Raubtier in dem kleinen Kätzchen. Ein Mensch, der mit dieser Redensart bedacht wird, ist ebenfalls in seinem Verhaltensmuster gefangen. Meist ist dann von untreuen Männern die Rede, die trotz gegenteiliger Versprechungen immer wieder auf die Jagd gehen und sich ein kleines »Mäuschen« fangen. Dann ist bei der betrogenen Ehefrau der Katzenjammer groß. Wer je paarungswillige Katzentiere belauscht hat, weiß, wie tierisch schmerzhaft Liebe sein kann.

All diese Redensarten haben ihren Ursprung im Verhalten der Katze. Der Mensch hat das Tier beobachtet, doch sein Verhalten oft falsch interpretiert. So wird beispielsweise eine ungenügende Reinigung als Katzenwäsche bezeichnet. Dabei sind Katzen sehr reinliche Tiere, die sich gründlich putzen, ihre Pfötchen immer wieder mit Speichel befeuchten, sich sorgsam lecken und jedes Körperteil reinigen. Ist von einem Katzensprung die Rede, ist eine kurze Entfernung gemeint, ein Ziel, das leicht und problemlos zu erreichen ist. Dabei sind Katzensprünge wahre Kunststücke. Katzen können ihre geschmeidigen Körper geschickt in der Luft drehen. Sie sind geübte Springer und landen selbst aus ungünstigen Situationen wieder sicher auf vier Pfoten.

Wer am Katzentisch sitzt, muss sich mit wenig zufriedengeben. Der Mensch hat die Samtpfoten in früheren Zeiten meistens sich selbst überlassen. Sie wurden allenfalls geduldet, weil sie die Mäuse im Getreidespeicher fingen. Gefüttert wurden Katzen nur hin und wieder. Man wollte auf dem Bauernhof keine zusätzlichen Fresser großziehen. In der Rangfolge der Tiere stand die Katze ziemlich weit unten. Erst kamen Nutztiere wie Kühe und Schweine, Kaninchen, Enten und Gänse. Wenn der Bauer auf dem Viehmarkt im Mittelalter eine Katze im Sack gekauft hatte, war er übel betrogen worden. Der Händler hatte einem ein Kaninchen oder ein Ferkel versprochen. Deshalb gilt auch heute noch: Vertrauen ist gut, Kontrolle ist besser! Also erst in den Sack schauen, bevor man ihn kauft.

Doch irgendwie hat der Mensch auch damals von den Samtpfoten profitiert: Denn wenn die Katze aus dem

Haus ist, tanzen die Mäuse auf dem Tisch – und daran konnte keinem Bauern gelegen sein.

DER HUND –
WENN ER BELLT, BEISST ER NICHT

Sie sind wachsam, treu, gehorsam und verspielt. Hunde haben die Menschen auf ihrem Weg durch die Jahrtausende begleitet. Ihre enormen Fähigkeiten – sie riechen und hören hervorragend – haben sich ihre Besitzer seit jeher zunutze gemacht. Hunde bewachen noch heute Haus und Hof, gehen mit auf die Jagd und hüten das Vieh. Schon in der Bibel taucht der Hund als Begleiter der Hirten auf. Doch das Image des Vierbeiners ist in der Heiligen Schrift eher mit verachtenswerten Schmähungen verbunden: Sie streunen herum, fressen Abfall und lecken Blut. Im Islam gelten Hunde auch heute noch als unrein. Sie fressen ekligen Abfall (weil sie niemand füttert), sind verlaust und voller Räude (weil sich niemand um sie kümmert) und betteln um ein bisschen Zuneigung. Wer auf den Hund gekommen ist, ist ganz unten am Ende der sozialen Leiter angekommen und wird wie ein streunender Hund von allen verachtet und verjagt. Die Redensarten »jemanden wie einen Hund behandeln« oder »etwas vor die Hunde werfen« haben in den Schmähungen des verachteten Tieres ihren Ursprung.

Ist man hingegen bekannt wie ein bunter Hund, wird man überall sofort erkannt: wie ein Hund mit einem mehrfarbigen Fell. Ein Mensch, der als krummer Hund bezeichnet wird, gilt als hinterlistig und verschlagen. Wer angreifende Hunde im Rudel beobachtet, versteht den Begriff sofort: Die Hunde rennen auf ihr Opfer zu und umkreisen es. Dann weichen sie kurz vor dem Angriff überraschend zurück. Dabei machen sie einen krummen Buckel. Wer sich jetzt in Sicherheit wiegt, irrt gewaltig: Die Hunde kommen zurück, greifen erneut an und beißen. Dabei bellen sie übrigens gewaltig! Damit ist die Redensart »Hunde, die bellen, beißen nicht« ad absurdum geführt. Man sollte sich auch bei Wachhunden nicht auf den Spruch verlassen – es könnte an die Hose gehen …! Sind zwei Menschen wie Katz und Hund, ist Streit stets vorprogrammiert. Die Konflikte beruhen auf einem tierischen Verständigungsproblem: Unterschiedliches Verhalten ist die Ursache. Wenn ein Hund mit dem Schwanz wedelt, freut er sich. Wedelt die Katze mit dem Schwanz, signalisiert sie einen Angriff. Diese Sprachschwierigkeiten könnte man durchaus mit den Worten »Das ist ja ein dicker Hund« kommentieren.

Wo der Ausspruch »Da liegt der Hund begraben« seinen Ursprung hat, weiß heute niemand mehr mit Sicherheit zu sagen. Aber schon im 17. Jahrhundert war vom entscheidenden Punkt in einer Sache die Rede, wenn man den Ausspruch benutzt hat. Es geht das Gerücht, es gäbe ein Hundegrab mit einem Gedenkstein in Thüringen. Der dort begrabene Hund habe für sein Herrchen Liebesbriefe überbracht, weshalb ihm dieser ein richtiges Grab gewährte und ihn nicht einfach irgendwo verscharrt hat. Kann man mit dieser Geschichte etwa einen Hund hinterm Ofen hervorlocken? Wenn nicht, ist man verdammt schlecht dran. Hunde sind verspielte, soziale Wesen, die so leicht keiner Verlockung widerstehen können.

DAS HUHN – ES IST BLIND, STEHT FRÜH AUF UND WIRD VON JEDERMANN GERUPFT

Das Haushuhn war dem Menschen schon im 6. Jahrtausend v. Chr. als Brathähnchen wohlbekannt. Das beweisen Knochenfunde aus der chinesischen Provinz. Im Altertum galt sein »Kikeriki« als Zeitangabe, durch die Jahrhunderte schätzte man Eier, Federn und Hühnerfleisch. Wer Hühner hielt, hat sie auch beobachtet und sofort festgestellt: Auf einem Hühnerhof herrscht Ordnung – die sogenannte Hackordnung. Der eitle Hahn ist der Boss, der Rest der Sippe muss sich mit dem Schnabel seine Stellung stets neu erhacken. Dieses Verhalten lässt sich auch bei Menschen beobachten. Da hat man zunächst mit jemandem ein Hühnchen zu rupfen, bis geklärt ist, wer das Sagen hat. Dabei kann es bisweilen ordentlich zur Sache gehen.

Gemeinhin gelten Hühner als dumm. Und wer nicht nur dumm, sondern obendrein auch noch blind ist und trotzdem Glück hat, über den sagt man: Auch ein blindes Huhn findet mal ein Korn. Wenn die Hühner lachen, ist etwas so offensichtlich, dass selbst der ganze dumme Hühnerhof Bescheid weiß.

Tja, am Huhn lässt der Mensch kein gutes Haar (oder besser: keine gute Feder). Der Hühnervogel ist keine Nachteule (der Begriff erklärt sich leicht, denn Eulen sind nachtaktive Tiere, Hühner hingegen tagaktiv!). Sie gehen ja auch früh in die Federn (also schlafen!), und wer mit den Hühnern zu Bett geht, legt sich auf die Ohren, sobald die Sonne untergeht. Das sind meistens Menschen, die auch mit den Hühnern aufstehen müssen. Und das ist verdammt früh: Der Hahn kräht meist schon auf dem Mist, bevor die Sonne über den Horizont kriecht.

Ein Huhn, das goldene Eier legt, gibt es allerdings nur in der Fabel von Jean de La Fontaine. So ein Huhn wäre die perfekte Geldanlage, und wer es schlachtet, kann nur als törichter Blödmann bezeichnet werden. Genauso dumm war der Besitzer in der Fabel von La Fontaine: Er hat das Huhn geschlachtet, um einen Schatz im Bauch des Vogels zu finden.

DER VOGEL – ER IST FREI UND WIRD DOCH STÄNDIG ABGESCHOSSEN

Sie sind verwandt mit den Dinosauriern: Archaeopteryx als Bindeglied zwischen Reptil und Vogel ist der versteinerte Beweis für die Stammesgeschichte der Vögel. Heute leben sie auf allen Kontinenten, die Ornithologie kennt über 9800 Arten: Es gibt große, flugunfähige Riesen wie Strauße und Winzlinge wie Kolibris. Spatzen und Tauben sind den Menschen in die Städte gefolgt. Prächtige Pfauen zierten im Mittelalter die edlen Gartenanlagen der Aristokraten. Die Nachtigall dagegen erfreut seit Jahrhunderten jedermann mit ihrem traurig-schönen Gesang und hat es mit ihrem melancholischen

Gezwitscher in Lieder und Gedichte geschafft. Es gibt Vögel, die besser schwimmen als fliegen (Pinguine), die Werkzeuge fertigen (Krähen) und unsere Sprache nachplappern (Papageien). Vögel kommen in geflügelten Worten vor, sind fester Bestandteil in Redewendungen und haben tiefe Spuren in vielen Kulturen hinterlassen.

Ganz Athen war in der Antike voll mit Abbildungen von Eulen, denn der Vogel war die Schutzgöttin der Stadt. Das nachtaktive Tier wurde im alten Griechenland als Symbol der Weisheit verehrt und auf Münzen geprägt. Es ist daher völlig unsinnig, Eulen nach Athen zu tragen. Leider werden nicht alle Aussprüche den munteren Fliegern gerecht: In der Regel werden Vögel vom Menschen verkannt.

Sagt man über einen Menschen, er habe ein Spatzenhirn, steht der ganz schön blöd da. Dabei ist der Spatz keineswegs ein dummer Piepvogel, sondern ein sehr anpassungsfähiger, kluger Geselle. Er ist auch kein Dreckspatz. Im Gegenteil! Das Schimpfwort beruht auf der Beobachtung, dass Sperlinge Staubbäder zur Reinigung ihres Gefieders nehmen. Der »Dreck« ist jedoch ein perfektes Mittel gegen Parasiten! Isst jemand nur wenig, heißt es: Der isst wie ein Spatz. Doch der Vergleich hinkt, denn der kleine Vogel (er ist nur etwa 30 Gramm leicht) ist ein Vielfraß und futtert, was ihm vor den Schnabel kommt: Samen, Knospen, Wildgräser und alles, was bei den Menschen vom Tisch fällt. Der Spatz ist überall. Und wenn die Spatzen (oder Vögel) etwas von den Dächern pfeifen, ist es längst kein Geheimnis mehr. Wer frech wie ein Spatz ist, ist oft von kleiner Statur und genießt die Sympathie seiner Mitmenschen, obwohl er ständig Regeln überschreitet und dabei ein wenig unangenehm auffällt. Menschen, die mit Kanonen auf Spatzen schießen, werden hingegen für Hysteriker gehalten, die ein riesiges Theater machen, obwohl kaum etwas passiert ist. Wer lieber den Spatz in der Hand als die Taube auf dem Dach hat, geht immer auf Nummer sicher.

Vögel werden in Redensarten generell eher geringgeschätzt und verkannt, statt ihren Fähigkeiten entsprechend gewürdigt zu werden. Früher glaubte man sogar, dass Geisteskranke deshalb so sonderbar reagieren, weil ein Vogel in ihrem Kopf herumfliegt oder dort sein Nest gebaut hat. Daher kommt auch der Begriff »einen Vogel (im Kopf) haben« oder »jemandem den Vogel zeigen«. Wer vogelfrei ist, hat sich hingegen strafbar gemacht. Tätern wurden im Mittelalter für schwere Straftaten die Bürgerrechte aberkannt. Sie waren dann ungeschützt und hatten das Dorf zu verlassen: Frei wie ein Vogel und zum Abschuss freigegeben, waren sie durch das Gesetz nicht mehr geschützt. Manchmal mussten die Verurteilten schon während der Gerichtsverhandlung Federn lassen, denn Geständnisse wurden im Mittelalter nicht selten durch Folter erzwungen. In solchen Situationen kann man nur den Kopf in den Sand stecken und durchhalten: Kämpfen kann manchmal zwecklos sein. Der Vogel Strauß, dem man dieses »feige« Verhalten unterstellt, steckt keineswegs seinen Kopf in den Sand. Der Ausspruch beruht auf schlechter Beobachtung. Wenn der große Laufvogel auf seinen Eiern sitzt, steckt er den Kopf leicht unter die Flügel. Er will nicht auffallen und so sein Nest schützen. Von weitem mag es so aussehen, als ob der Strauß den Kopf in den Sand steckt.

Wer hingegen den Vogel abschießt, der hat großes Glück gehabt und wird von allen beneidet. So wie der Schützenkönig, der auf dem Schützenfest den Holzvogel von der Stange schießt und als Sieger eitel wie ein Pfau vom Platz gehen kann. Wenn der Pfau seine Schwanzfedern aufstellt und dann ein Rad schlägt, wirkt er wahrhaft arrogant. Dabei will er nur dem Weibchen imponieren und seiner Herzensdame ein Ei machen.

Ins gemachte Nest setzen kann sich allenfalls der junge Kuckuck: Er wird von seinen eigenen Vogeleltern (noch als Ei) ausgesetzt, damit diese ihn nicht füttern müssen. Das überlassen sie den gefiederten Pflege-Vögeln im dafür ausgesuchten, schon vorhandenen (also gemachten) Nest. Dem jungen Kuckuck fliegen die gebratenen Tauben (in Form von Insekten) in den Mund, ohne dass die leiblichen Vogeleltern etwas dazu beitragen müssen. Wenn hingegen jemand sagt: »Bei uns ist der Kuckuck los«, dann geht es – entweder im Betrieb oder auch im privaten Umfeld – drunter und drüber. Da der Kuckuck ein unstetes Leben führt und seine Eier in allerlei fremde Nester legt, ist anzunehmen, dass es das bunte Leben des grauschwarz gebänderten Vogels ist, das die Redewendung hervorbrachte.

GÄNSEFÜSSCHEN

Selbstverständlich haben Gänse Füßchen, aber warum heißen unsere Anführungszeichen, mit denen wir Zitate in Texten kennzeichnen, Gänsefüßchen? Gänse hinterlassen ja ganz andere Spuren, wenn sie mit ihren Füßchen durch den Schlamm watscheln. Nun, die einen sagen »An- und Abführungszeichen«, also Striche, welche die wörtliche Rede anführen und abführen. Diese kleinen Striche fanden erst im 17. Jahrhundert Eingang in die deutsche Schriftsprache. Nach Meinung mancher Sprachwissenschaftler gehen sie auf den deutschen Schriftsteller Jean Paul (1763–1825) zurück. Er sagte, mit diesen Strichen folgten wir quasi auf »Gänsefüßchen (also im Gänsemarsch) dem eigentlichen Autoren …«. Diese Erklärung des bekannten und bis in unsere Tage vielzitierten Schriftstellers soll die Gänsefüßchen eingebürgert haben.

Auf der anderen Seite steht das Gänsefüßchen als Ersatzwort für »signum citationes«, also für das Zitierzeichen in der Druckersprache. Früher war es häufiger üblich als heute, statt der Gänsefüßchen zwei nebeneinanderliegende, nach rechts offene Dreiecke auf der linken Seite und zwei parallel liegende, nach links offene Dreiecke auf der rechten Seite als Abführungszeichen zu verwenden. Zusammengenommen bildeten beide Zeichen eine Raute, die man früher auch als »Gänseaugen« bezeichnete. Jedoch hat sich diese Bezeichnung nicht durchgesetzt. Schaut man sich aber die parallelen offenen Dreiecke an, dann sehen diese tatsächlich aus wie die Watschelfüße von Gänsen.

Der Name Gans selbst geht übrigens weit zurück. Als »ganta« hat schon Plinius den germanischen Namen für Gans bezeichnet.

12. Kapitel

Mit der Sprache der Natur
auf der Spur

Treffen wir einen in seiner Situation leicht überforderten Menschen, der wenig strukturiert arbeitet und trotzdem müßige Aktivitäten an den Tag legt, so sagen wir schnell mal: »Der- oder diejenige sieht ja vor lauter Bäumen den Wald nicht.« Schon früher haben die Menschen die Natur in ihr Sprachrepertoire aufgenommen. Ist es doch die Natur, auf die wir alle angewiesen sind und die uns – auch wenn wir heute vieles in unserer hochmodernen Zeit nicht mehr wahrnehmen – auf Schritt und Tritt begegnet. Doch vieles in der Natur ist in unserer Sprache allgegenwärtig. Immer wieder haben die Menschen Vergleiche aus Flora und Fauna dazu benutzt, Situationen zu beschreiben. So etwa, wenn jemandem ein Kuckucksei ins Nest gelegt wird, weil er Vater spielen darf für Kinder, die er selbst nicht gezeugt hat. Oder jemand, der etwas Unangenehmes hinnehmen muss, eine Kröte zu schlucken hat.

* * *

Den Wald vor lauter Bäumen
nicht sehen

Geht es uns nicht allen so? Wir suchen etwas, von dem wir wissen, dass es da ist, und trotzdem finden wir es einfach nicht. Sprichwörtlich haben wir viele Bäume um uns herum, sehen sie alle, und trotzdem erkennen wir nicht, wo sich der Wald befindet. So geht es uns auch oft im übertragenen Sinne: Wir sehen in einer bestimmten Sache viele Einzelheiten, detaillierte Vorgänge und begreifen trotzdem den großen Zusammenhang nicht. Weil wir vor lauter Bäumen den Wald – also das große Ganze – nicht erfassen. Die Redewendung ist vielleicht schon sehr alt; bekannt gemacht hat sie der im Schwäbischen geborene Literat Christoph Martin Wieland (1733–1813). Er gebrauchte die Redewendung mehrfach in seinen verschiedenen Werken. Im Gedicht »Musarion« heißt es zum Beispiel: »Die Herren dieser Art blend't oft zu vieles Licht; sie sehn den Wald vor lauter Bäumen nicht.«

Man verwendet die Redensart oft auch für Leute, die sich mit Oberflächlichkeiten aufhalten und es nicht schaffen, zum Wesentlichen zu kommen. Ganz einfach, weil sie den Wald, der ja sichtbar vor ihnen liegt, vor lauter Bäumen nicht sehen und sie sich an den einzelnen Kleinigkeiten abarbeiten.

JEMANDEM EIN KUCKUCKSEI
INS NEST LEGEN

Viele Menschen verbinden mit den Rufen des Kuckucks den endgültigen Frühjahrsbeginn. In der Tat ist er einer der letzten Zugvögel, die aus den afrikanischen Winterquartieren in unsere Breiten zurückkommen. »Kuckuck, Kuckuck ruft's aus dem Wald …«, so ist der Vogel auch in die Volkslieder eingegangen. Alle scheinen den Kuckuck zu kennen, doch die wenigsten sehen ihn. So ergeht es auch anderen unachtsamen Vögeln, denen der Kuckuck dann, wenn das Nest gerade nicht bewacht ist, einfach seine Eier ins Nest legt. Meist sind es viel kleinere Vogelarten als der fast elsterngroße Kuckuck. Dessen aus den Eiern schlüpfende Jungen entwickeln eine emsige Gefräßigkeit und drängen schon bald die Jungen der Wirtsvögel aus dem Nest.

Mit dem Ausdruck »Jemandem ein Kuckucksei ins Nest legen« werden sehr oft Situationen bezeichnet, in denen jemandem etwas Unerfreuliches oder Schlechtes »untergeschoben« wird. Dinge etwa, die sich erst später als negativ erweisen.

Und dann gibt es noch die Kuckuckseier der besonderen Art: Es sind Kinder, die von fremden Vätern etwa außerehelich gezeugt und von ihren Müttern dem falschen Vater wie ein Kuckucksei »untergejubelt« werden. Hat man manchem Kuckuckskind, manchem Kuckucksei, das von Fremden ins Nest gelegt wurde, später angesehen, dass der treusorgende Vater nicht der wahre Erzeuger sein kann, so machen es jetzt auch die neuen Bestimmungen für den Vaterschaftstest möglich, die

Kuckuckskinder, denen man ihre fremde Herkunft nicht ansieht, zu entlarven.

Eine Kröte schlucken

Pfui! Würde manche junge Dame auch heute noch einen Frosch küssen, wenn sie wüsste, dass ein hübscher und vor allem reicher Prinz daraus entschlüpft, so würden die meisten kaum einer Kröte zu nahe kommen wollen. Mit ihrer warzigen und feucht aussehenden Haut gelten Kröten für viele Menschen eher als eklig, ja manchmal sogar furchterregend. Heute wissen wir, dass Kröten nicht nur eine wichtige Funktion im Naturhaushalt wahrnehmen, sondern vielerorts auch gefährdet sind. Viele Menschen freuen sich deshalb, wenn etwa in ihren Gartentümpeln Kröten auftauchen und im Frühjahr ihre Laichschnüre ablegen. Doch küssen oder gar schlucken mag man sie nicht. Der Begriff ist jedoch geblieben. Und so meint »Eine Kröte schlucken«, etwas Unangenehmes akzeptieren und in Kauf nehmen zu müssen. Obwohl viele Menschen täglich Kröten schlucken müssen, haben sie ganz gewiss keine Schuld am Rückgang der harmlosen Tierchen.

Ja, das geht häufig so. Man glaubt an eine Sache, an ein Projekt, und dann wird nichts daraus. Es ist im Sande verlaufen. Gerade so, wie Wasser, das man auf Sand kippt und das schnell versickert. Auch Spuren können im Sande verlaufen, weil sie schon beim nächsten Windhauch von feinsten Sandkörnchen verwischt werden.

Etwas ist kein Pappenstiel

Wer eine schwere Arbeit verrichtet, für den ist das Ganze »kein Pappenstiel«, also keine Kleinigkeit. Die umgangssprachliche Redewendung geht vielleicht auf das Pappelholz zurück. Es ist sehr weich, und wenn man daraus etwa einen Stiel für eine Hacke oder anderes Werkzeug formt, wird es im Gegensatz zu elastischen Harthölzern wie Esche oder Eiche sehr leicht brechen. Wenn also etwas kein Pappenstiel ist, dann ist es eine harte Arbeit oder eine komplizierte Angelegenheit.

Etwas wegradieren

Heute haben wir Computer: Wo man etwas falsch Geschriebenes entdeckt, kann man dies schnell mal weglöschen. Schreiben wir dann doch einmal mit Tintenfüller, Kugelschreiber, Filzstiften und anderem Schreibwerkzeug, wird, wenn etwas falsch geschrieben ist – Papier steht ja in Hülle und Fülle zur Verfügung –, dies schnell achtlos weggeworfen. Es sind fast nur noch Schüler, die etwa bei Zeichnungen im Kunstunterricht mit dem Radierer ihre Fehler korrigieren. Einen solchen Radierer haben – in ganz anderer Form allerdings – auch Schnecken. Für sie ist er überlebensnotwendig. Denn nur mit ihrer Raspelzunge – der Radula – können sie feine Kräuter und Gräser abraspeln und so aufnehmen. Und so bedeutet das Wort radieren – vom lateinischen *radere* – eigentlich schaben, reinigen, rasieren, kratzen und scharren.

13. Kapitel
Berufe und Handwerk

Ob jemand bei einem anderen hoch in der Kreide steht und der andere dann am längeren Hebel sitzt, oder ob am Zeug von jemandem geflickt wird: Viele so gut wie ausgestorbene Berufe und all das Handwerkszeug drum herum leben in unserer Sprache fort. So etwa wenn jemand geschröpft wird, man ihm also ordentlich Geld abnimmt. Damit war ursprünglich die Handlung der Bader, Salber und Ärzte des späten Mittelalters gemeint, welche den Schröpfkopf bei Leuten ansetzten, um ihnen Blut abzunehmen.

* * *

Am längeren Hebel sitzen

Auch wer im Physikunterricht wenig aufgepasst hat, weiß in der Regel, dass eine längere Brechstange, ein längerer Stock durch das Ausnutzen der sogenannten Hebelwirkung mehr Kraft übertragen kann. Im übertragenen Sinne gilt derjenige als stärker und mächtiger, der »am längeren Hebel sitzt«. So macht es also wenig Sinn, sich gegen den Arbeitgeber oder eine Behörde aufzulehnen, weil diese über mehr Entscheidungsbefugnis verfügen und somit »am längeren Hebel sitzen«.

Jemandem etwas ans Zeug flicken

Wir leben in einer Neidgesellschaft. Und da ist es bedauerlicherweise gang und gäbe, dass unliebsame Zeitgenossen ihre eigene Unfähigkeit dadurch übertünchen wollen, indem sie »anderen etwas ans Zeug flicken«, also schlecht über andere reden bzw. Nachteiliges verbreiten. »Zeug« steht hier als veralteter Begriff für »Kleidung«. Die Redewendung bedeutete also ursprünglich, dass man sich an der Kleidung von anderen zu schaffen macht und damit das untadelige Aussehen der betreffenden Person negativ verändert. Es wird also das Ansehen beeinträchtigt, denn Kleider machen ja bekanntlich Leute. Passen wir besser alle auf, dass niemand versucht, uns »etwas ans Zeug zu flicken«, sondern sich stattdessen um seine eigenen Sachen – also Angelegenheiten – kümmert.

Wer sich mit einer Sache beschäftigt, die ihm unklar ist, oder wer eine Lösung sucht, die sich nicht abzeichnet, der »fischt im Trüben«. Er »sieht« ja nicht, wonach er sucht bzw. fischt, und so kann er auch nicht einkalkulieren, was er letztlich fängt oder ob er vielleicht sogar leer ausgeht. In früheren Zeiten haben manche Fischer den Schlamm am Ufer von Teichen und Seen aufgewühlt, um dort nach Krebsen, Aalen und anderem Getier zu fischen. Sie wussten, dass sich dort der eine oder andere potenzielle Fang verbirgt, konnten ihn jedoch nicht sehen und mussten, auch auf die Gefahr hin, nichts zu fangen, im Trüben fischen.

Auf die Walz gehen

Was liegt näher, als das Dorf zu verlassen, bevor man von der Polizei geschnappt wird? In der Gaunersprache bedeutete die Redensart: die Flucht antreten. Im Mittelhochdeutschen heißt »walzen« etwa so viel wie schlendern oder planlos verschwinden. Wandernde Handwerksburschen haben den Begriff später übernommen. Wenn sie auf die Walz gehen, müssen brave Bürger nichts befürchten.

In der Kreide stehen

Heute macht der Gast beim Wirt »einen Deckel«, wenn er seine Rechnung nicht zahlen kann. Früher stand er in der Kreide. Die Zechschulden des Gastes wurden im Mittelalter für jedermann gut lesbar mit Kreide auf einer Tafel vermerkt und erst dann ausgestrichen, wenn der Schuldner seine Zeche gezahlt hat. Heute macht der Wirt Striche auf dem Bierdeckel – es ist diskreter, aber zahlen muss der Zecher trotzdem.

Das ist Mumpitz

Das Wort stammt aus der alten Börsensprache: Dahinter steckt ein Schwindel! Noch heute sagt man: »Rede doch keinen Mumpitz«, wenn jemand offensichtlich Blödsinn verbreitet. Der Begriff ist urdeutsch, die Sprachwurzeln liegen in den Worten »Mumme« für Maske und »Butz« für Popanz. In ihrer Zusammensetzung erklärt sich der Begriff perfekt.

Jemanden schröpfen

Wer heute geschröpft wird, verliert jede Menge Geld. Man sagt auch: »Ich wurde kräftig zur Ader gelassen«, wenn man draufgezahlt hat. Der Begriff kommt aus der Medizin: Im 17. Jahrhundert war das unblutige Schröpfen als Therapie gebräuchlich. Die Ärzte wollten durchs Schröpfen das Blut im Körper des Patienten in Bewegung bringen, damit der »Lebenssaft« wieder besser durch die Adern fließt. Aus dem Blutfluss ist im Alltag der Geldfluss geworden – der ja auch schmerzhaft sein kann.

DIE SEGEL STREICHEN

Viele Berufe haben sich in Redewendungen verewigt. Aus der alten Seemannssprache stammt eine ganze Reihe an Ausdrücken. Die Segel streichen bedeutete damals sie herunterlassen. Das machte man, wenn ein Sturm aufkam oder um Fahrt aus dem Schiff zu nehmen. Hat ein Kriegsschiff die Segel eingeholt, heißt das: Die Mannschaft hat kapituliert und wird sich ergeben. Genau das bedeutet die Redewendung heute: Wer die Segel streicht, gibt jeden Widerstand auf, resigniert und ergibt sich seinem Schicksal.

EINE PANNE HABEN

Ja, das will niemand: mit dem Auto liegenbleiben oder anderweitig eine Panne haben. Das Wort Panne ist aus dem Französischen entlehnt, wo es dieselbe Bedeutung hat. Ursprünglich stammte das Wort aus der Sprache der Seeleute, die damit den Umstand beschrieben, wenn man in einer Flaute mit dem Schiff »stecken blieb«. Panne stand ganz ursprünglich bei französischen Seglern für eine Stellung der Schiffssegel ohne den entsprechenden Fahrtwind. Eine Panne haben geht dann vermutlich auf die französische Redewendung »rester en panne« zurück, was letztlich »steckenbleiben, stillliegen« bedeutet.

GRAFFITI

Viele junge Leute kennen Graffiti als mehr oder weniger kunstvolle, mit Hilfe von Farbe aus der Sprühdose aufgemalte Bilder und Schriften an Hauswänden. Was eine schwere Sachbeschädigung darstellt, geht letztlich auf das italienische »graffito« zurück. Das bedeutet eingeritzt, denn »graffiare« heißt kratzen. Damit sind die oft kunstvollen Graffitos der italienischen Renaissancezeit gemeint. Es sind meist Wandbilder, bei denen man in den noch feuchten Mörtel Bilder kratzte, um Verzierungen hervorzuheben oder einzutiefen, und Bilder plastisch werden ließ.

RAKETE

Satelliten sind aus unserem Leben heute nicht mehr wegzudenken. Auch wenn sie in der Erdumlaufbahn kreisen und für uns nicht zu sehen sind, so sind sie doch für Radio- und Fernsehübertragungen und die gesamte Telekommunikation ebenso bedeutend wie für das Funktionieren der Navigationssysteme. Diese Dienste könnten sie nicht erfüllen, würden die Satelliten nicht mit Hilfe von Raketen ins All geschossen. Als das Wort Rakete entstand, dachte wohl niemand daran, welche Bedeutung diese Technologie einst für die Menschheit bekommen würde. Das Wort Rakete geht auf das italienische *rocchetto* zurück. Damit ist eine Spule gemeint, wie man sie von den Spinnrädern her kennt. Weil die ersten dünnen Raketen vom Aussehen her an Spinnstäbe erinnerten, wurde das Wort für die Hochtechnologie – die Raketentechnik – umgewidmet.

14. Kapitel
Menschen und Namen,
die Sprachkarriere
machten

Dass die Bosch-Zündkerzen und die Firma Bosch
auf den Begründer Robert Bosch zurückgehen,
weiß heute jedermann. Ähnlich ist es auch mit der Firma
Daimler, weil Gottlieb Daimler das heute weltumspan-
nende Firmenimperium begründete. Und doch gibt es
viele andere Menschen, deren Namen wir ganz geläufig
gebrauchen, ohne den wahren Hintergrund zu kennen.
So ist das mit den Litfaßsäulen, den Gullydeckeln und
vielen anderen Gegenständen des täglichen Lebens.

* * *

Mansarde

Die Studentin war überglücklich. Lange hatte sie nach
einer Bleibe in der Universitätsstadt gesucht, und der
Termin des Semesterbeginns rückte immer näher. Dann

rief sie froh zu Hause an und teilte ihren Eltern mit, dass sie ein schönes Mansardenzimmer gefunden habe. Die Eltern wussten natürlich sofort, was gemeint war; ein Zimmer im Dachgeschoss mit einem kleinen Giebel. Doch woher kommt das Wort Mansarde? Es geht auf den französischen Baumeister François Mansart (1598–1666) und seinen Großneffen Jules Hardouin-Mansart (1646 – 1708) zurück.

GUILLOTINE

Gott sei Dank ist die Todesstrafe in Europa abgeschafft, und niemand wird mehr wegen seiner Missetaten unters Fallbeil gelegt. Eingeführt hat die Guillotine der französische Arzt Joseph-Ignace Guillotine (1738–1814). Er plädierte während der Französischen Revolution für eine »humanere Art« der Hinrichtung. Die Guillotine erschien ihm im Gegensatz zum Tod durch Erhängen oder Vergiften als die »menschlichere« Variante des Tötens. Die Französische Revolution, in deren Verlauf Tausende unschuldige Menschen ihr Leben lassen mussten, war gleichzeitig die Blütezeit der Guillotine.

Amazone

Der Begriff steht heute für attraktive, selbstbewusste, emanzipierte und zugleich sportliche Frauen. Mit den Amazonen der griechischen Sagenwelt hätte man sich besser nicht verabredet. Die Ur-Amazonen, das soll ein von einer Königin geleitetes Frauenvolk im Nordosten Kleinasiens gewesen sein. Helden wie Herakles, Achilles und Theseus sollen mit ihnen gekämpft haben. Der Sage nach hatten die Amazonen nur einmal im Jahr mit Männern näheren Kontakt, um Nachwuchs zu zeugen. Sie zogen jedoch jeweils nur die Mädchen auf; Jungen wurden getötet. Es heißt, man habe den Amazonen die rechte Brust abgeschnitten oder ausgebrannt, weil diese beim Bogenspannen hinderlich war. So erklärten sich die Griechen auch den Namen Amazone: als die »Brustlose«.

Der Luftschiffer und sein Zeppelin

Es waren gigantische Luftschiffe, die Anfang des 20. Jahrhunderts den Atlantik überquerten und es betuchteren Leuten ermöglichten, so die Neue Welt zu besuchen. Mit dem letzten großen Zeppelin – der »Hindenburg« –, welcher spektakulär in Lakehurst, New Jersey, verunglückte, ging eine Ära zu Ende. Doch jetzt, fast 100 Jahre später, erleben die Zeppeline ein Comeback. Über dem Bodensee sieht man sie wieder kreisen. Ausflügler haben die Gelegenheit, das Schwäbische

Meer und die oberschwäbische Landschaft von oben zu betrachten. Es gibt auch Bestrebungen der Deutschen Zeppelin-Reederei GmbH in Friedrichshafen, Luftschiffe als Transportmittel für Güter einzusetzen. Der Vorteil: Sie sind zwar langsamer als Flugzeuge, verbrauchen aber weniger Energie.

Zurück geht der Name des Zeppelins auf Ferdinand Graf von Zeppelin (1838–1917). Der deutsche General war der Erfinder der Luftschiffe und gab ihnen den Namen. Die Luftschiffbau Zeppelin GmbH wurde in Friedrichshafen gegründet, und 1899 wurde dort der erste »lenkbare Ballon« gebaut. Zeppeline fliegen übrigens nicht, sie fahren (man spricht ja auch von Luftschiff und nicht von Flugzeug).

HEUTE ÜBERALL GEGENWÄRTIG: LITFASSSÄULEN

Wohin man auch kommt, überall sind sie zu sehen: großformatige Werbeplakate auf runden Säulen. Weil sich die Werbewelt ändert, sind mittlerweile ja auch Großtransparente an Häusern, Videowänden usw. gebräuchlich. Doch die klassische Werbefläche ist nach wie vor die Litfaßsäule. Zurück geht die Bezeichnung der runden Plakatsäulen auf einen Berliner Drucker mit Namen Ernst Litfaß. Er lebte von 1816 bis 1874 und hatte als Erster die Idee, eine Plakatsäule aufzustellen. Es bedurfte jahrelanger Verhandlungen mit dem Berliner Polizeipräsidenten, bis Ernst Litfaß 1854 die erste Genehmigung für seine runde Anschlagsäule bekam, die dann später auch nach ihm benannt wurde. Heute gibt es Litfaßsäulen – die ersten wurden in Berlin aufgestellt –, in denen Klohäuschen versteckt sind.

Wo Ratten zu Hause sind und sich Räuber verstecken: die Welt hinterm Gully

In jeder Stadt, in jedem Dorf gibt es sie: die Schachtdeckel, die auch Gully genannt werden. Meist sind sie aus Gusseisen, tragen Jahreszahlen oder andere Inschriften. In Rom sind sie noch heute, wie ihre Vorläufer aus Stein von vor 2000 Jahren, den Bürgern und der Stadt Rom gewidmet. Nun ist der Kanalabfluss eine alte Erfindung; denn schon die Römer hatten ja ein gutes Kanalsystem, ebenso die Griechen und andere Kulturvölker. Trotzdem geht der Kanaldeckel, den alle nur Gully nennen, auf Friedrich Johann Gully zurück. Er war Straßenbaumeister in München und hat 1889 den modernen Kanalabfluss erfunden.

Herr Röntgen und seine Strahlen

Wilhelm Konrad Röntgen (1845–1923) war der Mann, der das Innerste des Menschen als Erster durchleuchtete. Er entdeckte die nach ihm benannten Röntgenstrahlen und erhielt dafür 1901 als erster Preisträger überhaupt den Nobelpreis für Physik. Heute ist es selbstverständlich, dass sich Ärzte vom Gesundheitszustand ihrer Patienten mit Hilfe von Kernspintomographen und Computertomographie ein Bild machen. All diese modernen Errungenschaften gehen auf Wilhelm Konrad Röntgen zurück.

Saure Gurken und Rote Bete –
vieles lässt sich einwecken

Je nach Region heißen sie mal Einmachgläser oder aber auch Einweckgläser. Und auf vielen Gläsern steht noch heute »Weck«. Das Einwecken war neben der Konservierung von Wurst in Dosen vor der allgemeinen Verbreitung von Kühlschrank und Kühltruhe eine hervorragende Möglichkeit, Obst – etwa in Form von Birnenschnitzen, Erdbeeren, Kirschen, Pflaumen, Mirabellen – und Gemüse – wie Gurken und Kürbisse – zu konservieren. Beim Einkochen in Weckgläser werden die Lebensmittel sterilisiert und somit lange haltbar gemacht. Erfunden hat das Ganze Johannes Weck, der von 1841 bis 1914 lebte.

DESSERT GEFÄLLIG? –
JA, ICH NEHME PFIRSICH MELBA

Heute kennt die Dessertvielfalt in gehobenen Gourmet-Restaurants und in einfacheren Gaststätten nahezu keine Grenzen. Wer seine Jugend in den 60er, 70er und vielleicht noch Anfang der 80er Jahre verbrachte, hatte eine viel geringere Auswahl: Da gab's Vanilleeis pur, Vanilleeis mit Sahne, Vanille und Schokolade gemischt und den obligaten Früchtebecher mit kleingeschnittenen Pfirsich- und Birnenstückchen sowie ein paar weißen Weintrauben aus der Dose – und eben eine Kombination aus Vanilleeis, etwas Himbeerpüree und meist einem halben Dosenpfirsich. Obendrauf gab's einen dicken Klacks Schlagsahne. Letztere Kombination hieß dann Pfirsich Melba. Was ist das nun für ein Pfirsich? Nun, nicht der Pfirsich heißt Melba, sondern die komplette Nachtischkombination. Sie geht auf eine einst in Europa weitgefeierte australische Opernsängerin mit Namen Nelly Melba (1861–1931) zurück. Die Koloratursopranistin liebte süße Nachspeisen. Eine Zeitlang residierte sie im Hotel Savoy in London, wo der Chefkoch 1892 erstmals das Dessert aus Vanilleeis, Himbeerpüree und einem geschälten Pfirsich – vielleicht war er auch nicht aus der Dose – kreierte und damit die Sängerin überraschte. Und so entstand der Nachtisch Pfirsich Melba.

WAS DARF'S ZUM SAUERKRAUT SEIN? – NATÜRLICH KASSLER

Zu einer deftigen Mahlzeit mit Sauerkraut scheint ein Stück Kassler-Fleisch ebenso zu gehören wie der hellblaue Himmel zu Bayern und der Hering zur Nordsee. Dabei gibt es das gepökelte und leicht geräucherte Fleisch – meist aus dem Schweinerücken – unter der Bezeichnung »Kassler« noch gar nicht so lange. Erstmals wurde es im 19. Jahrhundert vom Berliner Schlachtermeister Johann Cassel in der heute noch bekannten Form hergestellt. Damit geht das Kassler eben auf diesen Schlachtermeister zurück, und nicht – wie viele Leute meinen – auf die Stadt Kassel.

VORSICHT, WENN'S TICKT

Was vorher nur Physiker interessierte, gewann auf dramatische Weise 1986 mit der Katastrophe um den Unglückskernreaktor von Tschernobyl traurige Bekanntheit: der Geigerzähler. Mit ihm kann man Radioaktivität nachweisen. Längst sind natürlich die alten Geigerzähler, die in den 20er und 30er Jahren des 20. Jahrhunderts entwickelt wurden, durch moderne, computergesteuerte Geräte ersetzt. Aber der Name blieb. Erfunden hat den Geigerzähler der Physiker Hans Geiger (1882–1945), der dem Gerät seinen Namen gab.

Viele Menschen schwören darauf: Mit der Bachblüten-Therapie – eine Form der Naturheilkunde – kann vielen Krankheiten vorgebeugt, andere können erfolgreich kuriert werden. So mancher meint, es handle sich um Blütenpflanzen, die entlang von Bächen wachsen. Weit gefehlt, denn die Bachblüten-Therapie geht auf den englischen Arzt Dr. Edward Bach (1886–1936) zurück.

VERGESSLICH? – HOFFENTLICH HABEN SIE NICHT ALZHEIMER

»Oh, jetzt habe ich schon wieder etwas vergessen – hoffentlich habe ich nicht Alzheimer.« Dieser Spruch hat sich in den letzten Jahrzehnten rasant verbreitet. Sobald man der Meinung ist, dass ein Mensch nicht mehr ganz auf der Höhe der Zeit ist, äußert man die Ansicht, dass er Alzheimer haben könnte. Dabei handelt es sich um eine Krankheit mit Gedächtnisverlust, die auf Veränderungen im Gehirn zurückgeht. 1907 stellte der Frankfurter Neurologe Alois Alzheimer (1864–1915) das fest, nachdem er verschiedene Patienten nach ihrem Tod obduziert hatte. Nach diesem Arzt ist die Alzheimer-Krankheit benannt.

ALLE JAHRE WIEDER –
DIE VERLEIHUNG DER NOBELPREISE

In Wissenschaft und Literatur, aber auch in der Politik ist er der berühmteste Preis, der weltweit vergeben wird: der Nobelpreis. Er wird für Physik, Chemie, Physiologie und Medizin, für Literatur und als begehrter Friedensnobelpreis verliehen. Gestiftet hat den Preis der schwedische Chemiker Alfred Nobel (1833–1896), nach dem der Nobelpreis benannt ist. Alfred Nobel hat das Dynamit erfunden und mit über 350 anderen Patenten viele Millionen verdient. Vielleicht um wegen der schädlichen Wirkung des Dynamits etwas gutzumachen, oder einfach nur, weil er großzügig war, vermachte Alfred Nobel – der kinderlos war – sein Geld der Nobelstiftung. Noch heute wird es ihm der schwedische König danken, weil so das schwedische Königshaus wie überhaupt das ganze Land Jahr für Jahr im Frühherbst in den Blickpunkt der Weltöffentlichkeit rückt.

15. KAPITEL
Rund um Jagd, Wald und Wild

Jäger sprechen eine Fachsprache, die Außenstehende damals wie heute nur schwer verstehen. Früher ging es über Stock und Stein, wilde Tiere gingen einem durch die Lappen, und beim Reiten wurde die ganze Jagdgesellschaft von einer Person auf Trab gebracht, während die Gehilfen kräftig auf den Busch klopften. Wer weiß heute noch, dass man früher sehr weit reiten musste, um »Stock und Stein« zu überwinden. Die Erklärung hat nichts mit unwegsamem Gelände, sondern mit Grenzmarkierungen zu tun. Mit einfachen Holzstöcken wurden im Mittelalter die Grenzen zwischen Dörfern und Gemeinden gekennzeichnet, mit Steinen dagegen markierte man Ländergrenzen. Heute ist die Jägersprache des Mittelalters in unseren Alltag integriert, ohne dass wir es ahnen. Und wenn wir genauer hinter die Redewendungen schauen, lernen wir viel über mittelalterliche Jagdmethoden, Bräuche und Mythen.

* * *

Durch die Lappen gehen

Bei der Jagd wurden im Mittelalter bunte Stoffbahnen und Lappen auf Seile gespannt, damit Treiber die Hasen, Hirsche und Wildschweine in eine trichterförmige Bahn lenken konnten, auf der das Wild dann von den herrschaftlichen Jägern abgeschossen wurde. Man bildete quasi einen Kessel, in dem die Tiere gefangen waren. Gelang es dem aufgescheuchten Wild, durch die Lappen zu gehen und aus dem Jagdrevier zu fliehen, hatte man das Recht verloren, es zu erlegen. Geht uns heute etwas durch die Lappen, ist uns eine Chance entgangen.

In die Binsen gehen

Bei der Jagd auf Wildenten können sich Jäger in der Regel auf die Nase ihrer Hunde verlassen. Doch wenn die Wasservögel ins Schilf fliegen, um sich dort zu verbergen, sind sie für die Jagdhunde nicht mehr aufzuspüren. Eine Verallgemeinerung für alle Schilfpflanzen war früher Binse. Und ist die erhoffte Beute erst in die Binsen geflogen, kann man den Entenbraten als verloren ansehen. Was umgangssprachlich in die Binsen geht, könnte man getrost vergessen. Eine Binsenweisheit ist dagegen etwas vollkommen Selbstverständliches: ein Allgemeinwissen, das selbst dem Dümmsten vertraut ist. Viele Gräser haben Knoten. Binsen sind dagegen glatt und symbolisieren eine knotenfreie, offensichtliche Wahrheit.

AUF DEN BUSCH KLOPFEN

Bevor Hirsche oder Rehe den Jägern früher vor die Flinte liefen, mussten Treiber kräftig auf den Busch klopfen. So scheuchten sie die verängstigte Beute auf, die sich im Unterholz versteckt hatte. Mit Stöcken oder Stangen wurde wortwörtlich auf den Busch geklopft, um das Wild zur Flucht zu bewegen. Wenn man heute jemandem nachsagt, dass er auf den Busch klopft, ist meistens von einem Angeber die Rede, der sich aufspielt und durch geschicktes Fragen etwas erfahren will. Der Buschklopfer weiß zwar nichts Genaues, macht sich aber erst mal ein bisschen wichtig, um sein Gegenüber zu überrumpeln und so etwas aus ihm herauszulocken. Wer sich hingegen in die Büsche schlägt, verschwindet heimlich, still und leise – wie das Wild, das sich vor den Jägern versteckt.

JEMANDEM INS GARN GEHEN

In Südeuropa gehen leider auch heute noch skrupellose Jäger mit mittelalterlichen Methoden auf die Vogeljagd: Sie spannen Netze aus Garn, in denen sich die Vögel verfangen. Die armen Tiere strangulieren sich und finden einen grausamen Tod. Häufig nutzen die Jäger sogar Lockvögel, die ihre Artgenossen mit Rufen in den Tod führen. Ist ein Mensch einem anderen ins Garn gegangen, weil er auf einen Lockvogel hereingefallen ist, hat er sich übel täuschen lassen.

Eine weitere brutale Methode der Vogeljagd ist das Auslegen von Leimruten. Diese Quälerei ist in Deutschland längst verboten, wird jedoch in südeuropäischen Ländern wie im Mittelalter auch heute noch angewandt. Zur Zeit des Vogelzuges legen diese hinterhältigen Jäger und Wilderer ihre Leimruten aus. Die Vögel fliegen in die Falle, verkleben ihr Gefieder und kämpfen verzweifelt, um sich aus der schrecklichen Lage zu befreien. Sie sterben oft an Erschöpfung, Todesangst und Herzversagen. Wenn ein Mensch einem anderen auf den Leim geht, ist er auf eine üble List hereingefallen und betrogen worden.

PECH HABEN

Eine grausame Jagdmethode hat früher aus vielen Zugvögeln wahre Pechvögel gemacht. Vogelfänger nahmen nicht nur Leim, sondern auch klebriges Pech, um die armen Tiere einzufangen. Wie schrecklich diese Methoden waren, konnten die Menschen im Mittelalter gut nachvollziehen: Für sie kam brennendes Pech zusammen mit Schwefel nur in der Hölle und im Fegefeuer vor. Auch bei Foltermethoden spielte Pech eine traurige Rolle. Man teerte und federte Delinquenten. Wer Pech hat, dem ist auch heute noch ein Unglück geschehen.

EIN PAAR HINTER DIE LÖFFEL BEKOMMEN

Mit diesen Löffeln ist nicht etwa das Besteck für die Suppe gemeint, sondern die Ohren der Hasen. Und wenn ein Jäger einem Hasen ein paar hinter die Löffel gegeben hat, war das Tier mit einem Knüppel erschlagen worden. Heute handelt es sich Gott sei Dank oft nur um eine Ohrfeige, wenn es was hinter die Löffel gibt. Fordern Eltern ihren Nachwuchs heute nachdrücklich auf, die Löffel zu spitzen, sollten die lieben Kleinen besser gut zuhören: sonst gibt es vielleicht was hinter die selbigen.

AUFPASSEN WIE EIN SCHIESSHUND

Schon in der Altsteinzeit waren die Menschen nicht nur Sammler, sondern vor allem Jäger. Sie verfolgten und töteten das Wild, um Fleisch als Nahrung und Felle für die Kleidung zu gewinnen. Die ersten Jäger stellten Fallen und töteten mit Pfeil und Bogen. Erst später wurden Hunde abgerichtet, um den Jäger bei seinem blutigen Handwerk zu unterstützen. Die alte Waidmannssprache redet von einem Schießhund, wenn der Vierbeiner darauf abgerichtet ist, angeschossenes und verletztes Wild zu verfolgen und zu apportieren. Wenn ein Mensch aufpasst wie ein Schießhund, ist er extrem gespannt und sofort bereit, etwas zu tun.

Falken lassen sich durch Aas leicht anlocken. Deshalb benutzte man auf der Falkenjagd früher eine Lockspeise der besonders ekligen Art: das Luder. Luder ist ein alter Begriff für billiges, verdorbenes Fleisch, das sich die Jäger vom Abdecker besorgten. Den Beruf des Abdeckers bezeichnete man im Mittelalter als Schinder, was so viel wie Enthäuter bedeutete (sie brachten ihre Abfälle auf den Schinderanger; der Begriff lebt noch in vielen Flurkarten weiter). Ein Stück Schindluder war also ein Stück enthäutetes Aas. Wird mit einem Menschen heute Schindluder getrieben, wird er übel und rücksichtslos behandelt – wie ein Stück stinkendes Aas eben.

AUF DIE SPRÜNGE KOMMEN

Wenn man jemandem auf die Sprünge kommt, dann hat man denjenigen durchschaut. Kamen die Jäger dem Wild früher auf die Sprünge, war es entdeckt worden und damit meist rettungslos verloren. Der Begriff Sprung wurde im Mittelalter wie das Wort Spur oder Fährte verwandt.

Jäger mögen dem Wild zwar mit List und Tücke überlegen sein, doch auch Tiere haben Fähigkeiten, mit denen sie sich vor den Menschen schützen können. Viele können hervorragend hören, gut sehen und haben einen Geruchssinn, der die Nase des Jägers in den Windschatten stellt. Steht der Wind obendrein ungünstig, können Wildtiere ihre Verfolger schon wahrnehmen, bevor sie ihnen vor die Flinte laufen. Sagt man einem Menschen nach, er habe von etwas Witterung bekommen, hat er etwas Geheimes rechtzeitig registriert und war damit gewarnt.

JEMANDEN AUF TRAB BRINGEN

Der Vorreiter einer Jagdgesellschaft bestimmt das Tempo der ganzen Gruppe. Er kann also alle Reiter auf Trab bringen, indem er ein schnelleres Tempo anordnet. Heute bringen wir Menschen nicht nur bei der Jagd auf Trab: Auch im Alltag treibt der Chef seine Angestellten an, der Lehrer seine Schüler und der Trainer die Fußballmannschaft.

Sich ins Geschirr legen

Bei diesem Geschirr geht es nicht um Tassen, Teller und Suppenschüsseln, sondern um das Riemenzeug, mit dem Pferde auf den Ausritt vorbereitet und vor eine Kutsche gespannt wurden. Die Zeit des friedlichen Grasens war vorbei: Sie wurden ins Geschirr gelegt und mussten den Reitern folgen. Legt sich ein Mensch ins Geschirr, muss er hart arbeiten und sich anstrengen, um eine Aufgabe zu bewältigen.

Geschniegelt und gebügelt

Bevor man zur Jagd ritt, wurden die Pferde gestriegelt. Die Reiter wollten schließlich mit ihren gepflegten Tieren Eindruck schinden. Das Wort schniegeln bedeutete im Mittelalter »kämmen«. Bevor ein Mensch ausgeht, kämmt er sich nicht nur die Haare: Man kleidet sich auch sorgfältig und zieht gebügelte feine Sachen an. Weil sich gebügelt so schön auf geschniegelt reimt, ist das Wort in die Redewendung gelangt.

Gestiefelt und gespornt

Bevor man ausritt, zog man seine Reitstiefel über und legte die Sporen an. Erst dann war man perfekt gekleidet und bereit für den Ausritt. Auch heute ist man sofort abreisebereit, wenn man gestiefelt und gespornt in der Tür steht. Die Redewendung wird oft mit einem kleinen Vorwurf kombiniert: »Während ich hier schon gestiefelt und gespornt herumstehe, hast du noch nicht einmal die Haare gekämmt …!«

DEN STICHT DER HAFER

Pferde, die im Winter zu lange im Stall stehen und viel Hafer fressen, entwickeln durch die Enge einen ungeheuren Bewegungsdrang. Wie Kraftpakete treten sie plötzlich auf, wiehern unvermittelt und tänzeln auf der Stelle. Schon im Mittelalter hat man dieses Pferdeverhalten auf unruhige Menschen übertragen, die vor lauter Übermut ausflippen.

SICH AUF DIE HINTERBEINE STELLEN

Ein Pferd, das dem Reiter nicht folgt, stellt sich auf die Hinterbeine: Es sträubt sich, kämpft und wehrt sich. Auch Menschen, die sich auf die Hinterbeine stellen, strengen sich an und geben nicht nach. Sie kämpfen meistens für eine Sache und geben dafür ihre ganze Kraft.

Jemanden an die Kandare nehmen

Mit der Kandare hat man speziell in Ungarn Pferde dis-
zipliniert. Es handelt sich bei der Kandare um die Ge-
bissstange im Maul des Reittiers, mit dem der Reiter das
Tier schmerzhaft zügeln kann. Wer an die Kandare ge-
nommen wird, wird sehr streng behandelt und gezüch-
tigt.

Die Hand am Drücker haben

Eines ist klar: Wer die Hand am Drücker hat, hat mehr
zu sagen als andere und somit auch den größeren Einfluss. Der »Drücker« geht auf die veraltete Form des
Türdrückers – also der Türklinke – zurück. Wer früher
am Drücker saß, der hatte darüber zu befinden, ob
jemand in den Raum eingelassen wurde und ihm der
Zugang zu der Herrschaft gewährt wurde. Und so sagt
die Redewendung »die Hand am Drücker haben« oder
»am Drücker sein« noch heute aus, wer entscheidenden
Einfluss hat und bestimmen kann, was und wie etwas
geschieht.

Ja, wenn etwas Knall auf Fall geht, dann geht es rasch. Mancher ist sogar überrascht, wenn er beispielsweise Knall auf Fall – also urplötzlich – erfährt, dass der Nachbar im Lotto gewonnen hat. Oder dass er selbst im Betrieb versetzt wird. Knall auf Fall ist der Jägersprache entlehnt und heißt im Prinzip nichts anderes, als dass dem Knall des Gewehrs der Fall des getroffenen Wildes unmittelbar folgt.

Anhang

DER DEUTSCHEN SPRACHE AUF DER SPUR – HILFREICHE ADRESSEN

Bibliographisches Institut & F. A. Brockhaus AG
Dudenstraße 6
68167 Mannheim
www.bifab.de

Forschungsgruppe Deutsche Sprache e. V.
Beymestraße 9
12167 Berlin
www.sprachforschung.org

Gesellschaft für deutsche Sprache
Spiegelgasse 13
65183 Wiesbaden
www.gfds.de

Institut für Deutsche Sprache
Postfach 10 16 21
68016 Mannheim
www.ids-mannheim.de

Institut für deutsche Sprache und Linguistik
Dorotheenstraße 24
10117 Berlin
www.linguistik.hu-berlin.de

Stiftung Deutsche Sprache
www.aktionlebendigesdeutsch.de

Verein Deutsche Sprache e. V.
Postfach 10 41 28
44041 Dortmund
www.vds-ev.de

Index

Georg Büchmann
Der große Büchmann

Geflügelte Worte
von Aristoteles bis Zappa

Ob nachdenklich oder heiter, ob literarisch oder umgangssprachlich: Georg Büchmanns *Geflügelte Worte* bieten eine wahre Fundgrube für alle, die Sprichwörter und Redewendungen schätzen und für bestimmte Situationen das passende Zitat suchen.

Die erheblich erweiterte Ausgabe spannt den Bogen von der Antike bis in die Gegenwart: eine unerschöpfliche Schatztruhe.

Knaur Taschenbuch Verlag